Diferentes desejos

Adolescentes homo, bi e heterossexuais

Dados Internacionais de Catalogação na Publicação (CIP)
(Câmara Brasileira do Livro, SP, Brasil)

Picazio, Claudio
Diferentes desejos : adolescentes homo, bi e heterossexuais / Claudio Picazio. – São Paulo : Summus, 1998.

Bibliografia
ISBN 85-86755-09-5

1. Adolescentes – Aspectos psicológicos. 2. Adolescentes – Comportamento sexual. 3. Bissexuais. 4. Diferenças entre sexos (Psicologia). 5. Educação sexual para a juventude. 6. Heterossexuais. 7. Homossexuais. 8. Papéis sexuais. 9. Sexo (Psicologia) – Aspectos sociais I. Título.

98-1440   CDD-306.7

Índices para catálogo sistemático:

1. Adolescentes : Comportamento sexual : Sociologia   306.7

Compre em lugar de fotocopiar.
Cada real que você dá por um livro recompensa seus autores
e os convida a produzir mais sobre o tema;
incentiva seus editores a traduzir, encomendar e publicar
outras obras sobre o assunto;
e paga aos livreiros por estocar e levar até você livros
para a sua informação e entretenimento.
Cada real que você dá pela fotocópia não-autorizada de um livro
financia um crime
e ajuda a matar a produção intelectual em todo o mundo.

Diferentes desejos

Adolescentes homo, bi e heterossexuais

CLAUDIO PICAZIO

edições

DIFERENTES DESEJOS
Copyright © 1998 by Claudio Picazio
Direitos desta edição reservados por Summus Editorial

Projeto gráfico e capa: **Brasil Verde**
Editoração eletrônica: **Acqua Estúdio Gráfico**
Ilustrações: **Zuri e Morgani**
Editora responsável: **Laura Bacellar**

1ª reimpressão

Edições GLS
Rua Itapicuru, 613 7º andar
05006-000 São Paulo SP
Fone (11) 3862-3530
e-mail gls@edgls.com.br
http://www.edgls.com.br

Atendimento ao consumidor:
Summus Editorial
Fone (11) 3865-9890

Vendas por atacado:
Fone (11) 3873-8638
Fax (11) 3873-7085
e-mail vendas@summus.com.br

Impresso no Brasil

Dedico este livro a todas as pessoas que,
em algum momento da vida,
foram discriminadas por amarem.
E, em particular, a Rodrigo,
pela sua crença na vida,
pela sua força e coragem para se olhar
e descobrir seus sentimentos e
desejos de felicidade

AGRADECIMENTOS

Minha gratidão a Patrícia Swinerd Martins, amiga
e colega, que, com dedicação e delicadeza,
acompanhou a confecção desse livro. Ao doutor
Marcelo J. T. Ponton, amigo e
advogado pela prontidão na consultoria jurídica.
A Laura Bacellar, pela escolha,
incentivo e confiança.
Aos meus amigos, clientes e familiares,
pelo amor e respeito que me dedicaram
e dedicam. E aos meus amores.

SUMÁRIO

PRÓLOGO _____ 11

INTRODUÇÃO: As diferentes sexualidades _____ 13

1. Confusões sobre a homossexualidade _____ 25

2. Bissexualidade também existe _____ 35

3. Olhando o nosso preconceito _____ 47

4. Será que sou gay/lésbica? _____ 57

5. Sou homossexual, e agora? _____ 75

6. Como fico de bem com o mundo? _____ 91

7. O que faço com meu filho? _____ 107

8. Ensinando o respeito _____ 123

ANEXOS
Respeito por todos os adolescentes, pela Federação
dos Pais e Amigos das Lésbicas e dos Gays _____ 137

Homossexuais e bissexuais famosos ao longo
da história _____ 141

Diretrizes para redução de risco de dst/Aids _____ 145

Glossário _____ 148

Obras recomendadas _____ 151

Grupos e instituições de apoio a gays, lésbicas,
bissexuais e transgenéricos _____ 154

Sobre o autor _____ 165

PRÓLOGO

Este é um livro essencialmente para adolescentes, seus pais e mestres. Adultos, no entanto, podem utilizá-lo também para resolver as dúvidas que adquiriram naquela época de suas vidas e que até hoje não eliminaram.

Não se trata de um livro técnico. Tentei manter a linguagem sempre direta e clara, para facilitar a compreensão por todos. Aqui estão perguntas que me foram feitas com grande freqüência no consultório, durante palestras e cursos nesses quinze anos de trabalho como psicólogo. Não enfatizei temas como *drags*, travestis e transexuais não porque não mereçam atenção, mas porque adolescentes costumam estar mais diretamente preocupados com a homo e a bissexualidade.

As respostas alinham-se com o que de mais moderno se sabe sobre a sexualidade humana, e visam diminuir a angústia que muitas pessoas sentem ao se perceberem diferentes em alguma coisa. Os depoimentos são todos verdadeiros, ainda que alguns nomes tenham sido alterados para proteger a identidade dos parceiros dos relatores.

Gostaria que esse livro servisse para que as pessoas compartilhassem pensamentos, abrissem caminhos para a discussão, eliminassem dúvidas e colaborassem na desconstrução de preconceitos e na formação de novos conceitos.

Esse livro é também um desabafo. A minha forma de dizer ao mundo a urgência de enxergarmos e aceitarmos verdades, e ampliarmos a nossa capacidade de aceitação e respeito em relação às diferentes orientações sexuais. É mais do que tempo de as pessoas perceberem que, por puro preconceito, impedem si mesmas de ter uma real felicidade.

Interceder no real é a única forma de sermos felizes. Todos têm o direito de manifestar sua capacidade de amor, de se vincular, de viver o que é natural para si. Amor, tesão e carinho não podem ser confundidos com agressão e vergonha. Independentemente da orientação do desejo, o que importa é a construção do vínculo afetivo, o crescimento e a plenitude que acompanham o amor. O importante é a liberdade interna e externa para amar.

Pretendo, e sei que é uma grande pretensão, que este livro ajude as pessoas a sentir que têm esse direito e que são donas de sua verdade. É difícil ter diferentes desejos, mas é tão viável quanto o desenvolvimento, a felicidade, a maturidade e a possibilidade de amar.

INTRODUÇÃO

As diferentes sexualidades

Sexualidade é um conceito um pouco complicado porque envolve muitas coisas diferentes, tais como comportamento, o ato sexual em si e noções do que seja masculino e feminino. Para dificultar um pouco, vivemos em uma sociedade que não tem o hábito de encarar o sexo como algo natural, que faz parte de nossa espécie e de cada indivíduo desde que nasce. Talvez porque o prazer assuste, temos uma longa tradição de tentar reprimir pensamentos e conversas sobre tudo que se relacione à sexualidade, tradição esta mantida firmemente por nossas escolas, igrejas e, em geral, infelizmente também por nossos pais.

Aquilo que não é falado abertamente tende a ir para uma parte de nós mais sombria, pouco iluminada pela compreensão. Tudo o que tem a ver com sexo costuma ser mais proibido, mais assustador (e também mais interessante) que, digamos, matemática ou filosofia. Assim, muita gente cresce sem saber direito como evitar uma gravidez, apesar de aprender com tranqüilidade como fazer adições e multiplicações. Tanto adultos como adolescentes ficam espantados com o que lhes desperta desejo e muitas vezes sentem culpa, achando que não são "normais".

O que não sabem é que a expressão da sexualidade é

quase tão variada quanto as opiniões dos filósofos sobre o que é importante na vida.

Normal, aliás, é a grande preocupação de quem entra na puberdade. Eu não gosto quando ele me aperta os seios, será que eu sou normal? Detesto levar chute nos jogos, será que eu sou veado? Todo mundo acha que tem de ser igual a todo mundo, e qualquer diferença é mantida em grande segredo, além de causar angústia.

É normal querer ser aceito pelo grupo durante a adolescência. É normal usar um modelo de perfeição – como uma atriz de cinema ou um jogador de basquete – e sentir-se meio inferior em comparação. É normal se preocupar com todas as mudanças que de repente acontecem no corpo e nos desejos com a chegada da puberdade. O que você não costuma ouvir é que também é normal ser diferente.

Somos bilhões e bilhões de pessoas neste planeta. Como pode alguém imaginar que sejamos todos iguais, seja no que for? E na área de sexualidade – essa área sobre a qual temos tanto medo de falar – somos tão diferentes quanto fisicamente. É mais normal ser preto ou branco? Alto ou baixo? Gordo ou magro? Se você consegue responder a alguma dessas perguntas, tem o que se chama preconceito.

Talvez você pergunte: mas não existem diferenças que fazem as coisas piores?

Sem dúvida. É uma diferença ruim ser cego em lugar de enxergar. Ter diabetes é muito pior do que não ter. Isso porque esse tipo de diferença causa limitações, dor e desconforto para quem a tem. Mas ter 1,50 m ou 1,80 m geralmente não causa problemas. Se ninguém ficar amolando o indivíduo por ser "baixinho", nada o impedirá de levar uma vida feliz e realizada. Vide Alexandre, o Grande, que apesar do epíteto era bem mais baixo do que os generais que liderou para conquistar toda a Grécia e o Império Persa.

É importante você distinguir entre o que é problemático em si e o que é visto como problema pela sociedade a que pertence. Ser negro não é um problema em si. Pessoas bonitas, inteligentes e saudáveis são negras. Mas dependendo do lugar onde elas nascem, as pessoas em volta podem transformar o ser negro em um problema, como na África do Sul até os anos 90.

Neste caso, o problema é o fato de a sociedade ser intolerante, não a pessoa ser diferente de algum modelo do que é bom ou bonito.

Nosso mundo tem uma longa história de sociedades intolerantes. Só para citar uma das mais dramáticas, temos os nazistas nos anos 30 até a Segunda Guerra Mundial. Os nazistas eram um grupo que achava que sabia o que era certo e o que era errado. Tudo o que se afastava do ideal "ariano" que eles inventaram era ruim. Se o modelo era ser alto, loiro e de olhos azuis, os morenos, baixos e de olhos castanhos eram considerados "inferiores" (exceto, curiosamente, o próprio criador da coisa toda, Adolf Hitler). Se a religião "certa" era a cristã, os judeus foram implacavelmente perseguidos. Se o certo era ser soldado, pacifistas foram presos. E assim foi com todas as diferenças e variações naturais da raça humana.

No campo da sexualidade, claro que também foram intolerantes. Perseguiram os homossexuais de modo quase tão sistemático quanto aos judeus (estima-se que tenham exterminado 220.000 gays durante o Terceiro Reich). Dos mais de 50.000 casos documentados de homens homossexuais presos, 4.000 eram menores de idade.

Qual foi o resultado dessa tentativa de criar uma sociedade tão dentro de moldes estabelecidos? Uma intolerância que levou aos campos de concentração, a maneira mais cruel de extermínio em massa já inventada, para lidar com o que não se encaixava em seus modelos. Horrorizaram o mundo todo, fazendo com que países até então rivais se aliassem para combatê-los. E perderam não só a guerra como incontáveis talentos humanos, que fugiram da intolerância nazista e acabaram enriquecendo a cultura de outros lugares.

Apenas como um pequeno exemplo temos os estúdios cinematográficos alemães, que até os anos 30 eram o que havia de mais inovador no mundo. Com o clima opressivo à liberdade de expressão artística imposto pelo Führer – que resolveu definir até mesmo o que era bonito em arte –, muitos cineastas, atores e técnicos mudaram-se para uma cidade pacata chamada Los Angeles, para fazer ali o cinema para o qual não mais tinham espaço na Alemanha.

Temos certeza de que se o regime nazista tivesse conseguido avaliar o tamanho da perda em bilhões de dólares para uma Hollywood que surgia, teria sido mais flexível.

O reverso também é verdadeiro. Existem sociedades que têm muito menos dificuldade para tolerar as diferenças naturais de seus membros. Este sempre foi, e continua sendo, o marco de uma civilização mais desenvolvida.

Qual é a região mais rica do planeta? O estado norte-americano da Califórnia. Qual é lugar mais famoso por sua população alternativa, de *hippies*, *beatnicks*, homossexuais, atores, ufólogos, profetas, ecologistas, imigrantes ilegais e uma série de outras categorias não muito bem vistas pelas pessoas mais tradicionais? Não coincidentemente, o estado norte-americano da Califórnia. Onde é o Vale do Silício, local onde mais se criam componentes e *softwares* para computadores? Idem. Onde começou a revolução sexual? Onde fica a cidade mais gay do planeta, em que até o prefeito é assumido? Onde existem mais motoqueiros, mais sado-masoquistas, mais lésbicas, mais *drag queens* no mundo? No mesmo riquíssimo estado norte-americano da Califórnia.

Nem todas essas pessoas gostam umas das outras, nem o que fazem tem o mesmo valor para a sociedade. No entanto, porque têm a liberdade de exercerem suas diferenças, acabam criando muito mais do que se vivessem oprimidas, e dessa forma geram riquezas de maneiras inesperadas e incalculáveis.

Nós não somos máquinas. Cada um de nós traz ao mundo uma combinação única de qualidades e defeitos, características físicas e psicológicas. Aceitar que somos diferentes, viver bem com a nossa química pessoal e respeitar a dos outros, dá espaço para que cada um faça sua contribuição mais pessoal ao mundo, que cada um crie e ofereça o que tem de melhor. Isso pode ser tanto uma moda toda em couro com tachas afiadas quanto o programa que vai revolucionar o trabalho em escritórios.

E aqui entra – finalmente – a sexualidade. Cada um tem a sua combinação de sexualidade, que faz com que a sua busca de prazer e relacionamentos seja um pouco diferente de todas as outras pessoas. Aceitá-la é o melhor caminho para uma vida feliz em uma sociedade civilizada.

A composição da sexualidade

Sexo biológico
(características genotípicas e fenotípicas de meu corpo)

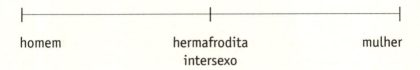

A sexualidade de cada um é composta de vários elementos. O primeiro é o corpo com que a gente nasce. Pelos genes, somos todos homens ou mulheres. Na sexta semana de gestação, os genes XY dos machos começam a fazer com que se diferenciem das fêmeas (de genes XX) e desenvolvam o pênis e o saco escrotal, enquanto o feto feminino começa a definir o útero, a vagina e o clitóris. Quando nascemos, são estas gônadas que determinam se seremos tratados como meninos ou meninas.

Conforme crescemos, nossa aparência – barba, peito largo para os rapazes; quadris redondos, mamas para as moças – é determinada por um equilíbrio de hormônios, em que entram masculinos e femininos para ambos os sexos.

Esse coquetel de hormônios resulta de fatores tanto genéticos – há famílias em que as pessoas têm mais pêlos, por exemplo, como resultado da presença de mais hormônios masculinos entre seus membros – como também do ambiente intra-uterino, ou seja, a saúde da mãe durante a gestação. A mãe sob estresse, tomando drogas, ingerindo alguns tipos de remédios ou estando doente pode interferir no equilíbrio natural de seus hormônios, criando um ambiente diferente para o feto justamente quando qualquer pequena alteração afeta seu desenvolvimento.

Uma mulher com aparência típica tem mais hormônios femininos, como estrógeno, circulando em seu sangue. Um homem típico tem mais hormônios masculinos, como andrógeno, em sua circulação. Mas as combinações mais variadas acontecem, criando desvios perfeitamente naturais, como meninas com bigodes e meninos com mamas. Existem casos bem raros em que os órgãos genitais de ambos os sexos aparecem no corpo da pessoa, quando se diz que é um hermafrodita, ou intersexo.

O mais comum não é, como seria de se esperar, que todas as pessoas sejam típicas, mostrando apenas as características de seu sexo. A Natureza não costuma trabalhar com absolutos, preferindo sempre a variedade e as imperfeições. Portanto, quase todos nós estamos em algum lugar do espectro próximo a uma das pontas.

Orientação sexual
(quem desejo)

mesmo sexo	ambos os sexos	outro sexo
homossexual	bissexual	heterossexual

Orientação sexual significa por quem sentimos o desejo de nos relacionarmos sexual e amorosamente. A orientação afetivo-sexual nos dá o caminho para irmos em busca da pessoa com quem iremos viver os nossos desejos sexuais, fantasias, paixões e amores.

A formação de nossa orientação sexual resulta de vários fatores. Psicólogos afirmam que ela surge na primeira infância (até os 4 anos de idade), e que na adolescência ela se solidifica. Pesquisadores tendem a responsabilizar fatores genéticos, tendo descoberto que existe uma configuração no DNA que, provavelmente, determina uma predisposição para a homossexualidade. Irmãos de mesmos pais têm uma probabilidade maior de serem homossexuais do que irmãos adotados. É mais freqüente também encontrarmos dois gêmeos idênticos que sejam homossexuais do que não-idênticos. A probabilidade é grande mas não é de 100%, ou seja, nem tudo é genético. No entanto, ninguém tem certeza de quando e de como realmente o desejo sexual se forma. Ninguém achou a "causa" para a homo, bi ou a heterossexualidade ainda.

As conversas sobre a homossexualidade ser uma doença, um desvio, ou mesmo uma opção são portanto bobagens. Elas fazem parte daquele problema que é mais social do que pessoal. Uma vez que o desejo não causa dor nem impede que a pessoa seja feliz, problemática é a sociedade que não aceita seus membros diferentes.

É bom lembrar que os "diferentes" são uma enorme multidão. Algo como até 11% da população mundial é formada de homens e mulheres homossexuais, independentemente de raça, cor, nacionalidade, condição cultural ou social. Algo como até 30% da população, também sem diferença de onde morem ou como tenham sido criados, são de homens e mulheres bissexuais. Isto quer dizer que até quatro pessoas em cada dez sentem desejo por pessoas do mesmo sexo, de vez em quando ou sempre.

(Este "até" se deve à precariedade das pesquisas. Visto que ainda existe um forte preconceito contra todos os que não são heterossexuais, nada mais natural que as pessoas mentirem nas respostas a pesquisadores, ou mesmo estes fazerem perguntas pouco claras. Só saberemos com certeza quantas pessoas são de fato homossexuais e bissexuais quando o assunto deixar de gerar desconforto.)

Não importa, então, qual seja a sua orientação sexual. O que importa é que ela será sempre a sua, é imutável e você tem direito a ela. A sociedade tem por hábito determinar que o certo é a maioria, e muita gente acaba tentando se encaixar e ter o comportamento esperado. Você não pode mudar o seu desejo, mas pode adotar um comportamento sexual em desacordo com ele. Só que isso não é bom para você, porque é o desejo que motiva a procura por relacionamentos mais profundos e que realmente satisfaçam. A sociedade tem de aceitar todos. Não somos quem devemos nos moldar de acordo com os seus padrões.

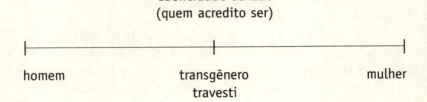

Identidade sexual
(quem acredito ser)

homem	transgênero	mulher
	travesti	

Possuímos um sexo biológico, masculino ou feminino, e a partir disso vamos construindo a nossa identidade sexual. Esta não se resume ao fato de se ter um pênis ou uma vagina, mas esses órgãos contribuem para a sua formação. A identidade sexual de um homem, por exemplo, é o resultado de como ele se sente homem juntamente com a imagem física que lhe diz ser homem.

A partir dos dois anos de idade, a criança já tem consciência de ser menina ou menino. Desde pequena é tratada conforme seu sexo biológico, recebendo informações como "menino é forte como papai", "homem não chora" etc. Para as meninas, os afetos são cheios de delicadeza e frases como "bonita como a mamãe, uma bonequinha" e, também, "menina, feche as pernas!". São frases que vão delimitando a identidade sexual e os papéis masculinos e femininos. Corresponder ao que é esperado vai dando a consciência do grupo ao qual pertencemos, se o de homens ou o de mulheres.

O processo de formação da identidade sexual vai se confirmando na adolescência, quando ocorre uma transformação física e hormonal que contribui para a continuação da construção dessa identidade.

Muitos, mesmo tendo consciência de sua identidade sexual biológica, se questionam se tal sentimento ou atitude é de homem ou de mulher. Temos consciência de nossa identidade corporal (menino ou menina), mas ela não é suficiente para realmente nos sentirmos homens ou mulheres. Nem tudo é tão "certinho", existem formas diversas pelas quais a identidade sexual se manifesta. Por exemplo, os travestis são pessoas com uma identidade sexual variável, pois num momento sentem-se homens e em outro, mulheres. Há pessoas ainda cuja identidade sexual é oposta ao sexo biológico, as chamadas transexuais.

Um exemplo conhecido é o de Roberta Close, que nasceu menino mas sempre acreditou ser uma menina, tomando hormônios desde a adolescência, travestindo-se e modificando-se até passar por uma operação para mudança de sexo. Roberta tem os genes de um homem, tinha a aparência física de um homem, é heterossexual (visto que se considera uma mulher e gosta de homens) e tem a identidade sexual de mulher.

A identidade sexual é formada ao longo da vida através da imagem física, de como a pessoa é tratada e como ela se sente. Nesse sentir é que reside a dúvida de como a identidade sexual pode ser construída, já que o sentir é individual, e, portanto, único.

Papel sexual
(como me comporto)

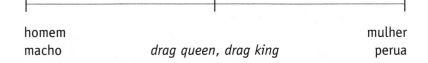

homem   mulher
macho   *drag queen, drag king*   perua

A identidade sexual em geral se manifesta em um comportamento social, chamado papel sexual. Apesar de chamar-se sexual, trata-se mais de um papel social, mas que também inclui as relações sexuais. Tudo o que a gente associa a "coisa de homem" ou "típico de mulher" faz parte do papel sexual que a pessoa está exercendo.

Por exemplo, quando uma menina diz que não sabe trocar pneu, está se comportando da maneira que considera adequada a seu sexo. Socialmente, é aceitável que meninas sejam incapazes de lidar com mecânica de automóveis. Lógico que ela é tão capaz quanto qualquer menino de aprender a trocar um pneu, dirigir um carro de fórmula 1, treinar boxe e tornar-se campeã de tiro. Mas se resolver fazer estas coisas, estará exercendo o papel sexual-social de homem em nossa sociedade, o que costuma atrair desaprovação ou, no mínimo, estranheza.

Um marido que resolva ficar em casa cuidando dos filhos também estará contrariando o papel sexual de homem em nossa sociedade, mas isso não quer dizer que ele sinta ser mulher (ou seja, que tenha a identidade sexual de mulher) ou que sinta desejo por outros homens (ou seja, que tenha uma orientação sexual para o mesmo sexo). O papel sexual nada mais é do que a maneira como nos comportamos, associada à maneira como os outros nos vêem.

O que acontece é que nesse eixo não é muita gente que ocupa as pontas, ou seja, que é um Clint Eastwood de machão ou uma Julia Roberts de fêmea. Mais ainda, as pessoas estão querendo cada vez mais livrar-se de papéis rígidos. É por isso que vemos mulheres praticando esportes radicais e homens entrando em contato com a sua sensibilidade. Isso é bom para todos e dá liberdade a cada indivíduo de escolher o papel que melhor corresponde ao que sente.

Tanto as *drags queens* como os *drags kings* são diferentes dos travestis, porque sentem pertencer ao seu sexo biológico e têm a identidade correspondente a ele. Na verdade, *drags* brincam com o papel sexual do sexo oposto ao seu, geralmente de forma estereotipada e hilariante, assim como os homens no carnaval se vestem de mulher e brincam com esse papel.

A nossa sexualidade, em suma, compõe-se de uma combinação do corpo que temos (nosso sexo biológico), das pessoas por quem sentimos desejo (nossa orientação sexual), de quem achamos que somos (nossa identidade sexual) e como nos comportamos (nosso papel sexual). Cada pessoa tem uma combinação toda sua desses quatro espectros de sexualidade, e é perfeitamente natural que boa parte de nós seja diferente do modelo de homem 100% hétero machão e mulher 100% hétero fêmea em algum aspecto. Como vimos, os modelos perfeitos é que não correspondem ao que a maioria de nós realmente somos.

Você pode ser, por exemplo, um menino biologicamente muito masculino, já com a voz grossa antes do tempo, sentir desejo principalmente por homens sem recusar de vez em quando uma menina, identificar-se como homem e adotar o papel sexual de macho, tendo vontade de tornar-se piloto de caça. Você pode ser uma menina com um pouquinho a mais de hormônios masculinos e viver raspando uma penugem de bigode, ter desejo principalmente por meninos, identificar-se como mulher e agir de forma meio machona, já que não gosta da passividade que se espera das meninas. Você pode ser um rapaz com estrógeno a mais na circulação e ter pequenas mamas, sentir desejo só por mulheres, identificar-se como homem mas odiar as brincadeiras violentas dos outros meninos. Você pode ser uma mulher muito feminina, com curvas de miss Brasil, e gostar só de mulheres, além de se ver como uma mulher meio homem, sentindo-se à vontade em roupas masculinas.

Tudo é possível, as diferenças são muitas e nenhuma é errada em si. Vivemos em uma sociedade que está passando por profundas transformações, talvez porque possamos ver como as questões que nossos pais achavam eternas mudam de um dia para outro e são diferentes em outros lugares do mundo. Aqui no Brasil, por exemplo, a modesta lei de união civil, que reconhece alguns direitos de parcerias homossexuais, cria o maior estardalhaço para ser aprovada. Na Dinamarca, o casamento entre pessoas do mesmo sexo dá os mesmos direitos que o entre pessoas de sexos diferentes desde 1987.

Aqui, pregadores cospem nas câmeras de televisão para falar do pecado que é amar alguém do mesmo sexo. No entanto, quem navega pela Internet pode descobrir com facilidade que na Holanda 90% da população aceita a homossexualidade e que nos EUA já existem mais de 250 grupos de bissexuais assumidos.

O que podemos perceber, se olharmos à volta com calma, é que as pessoas são diferentes, mas isso não é problema. Problema é quando somos desonestos, cruéis, intolerantes. Quem cada um de nós ama, como cada um de nós tem prazer, não é problema, e talvez faça parte da solução.

1
Confusões sobre a homossexualidade

As pessoas têm muitas dúvidas sobre como a homossexualidade "surge". Se podem evitá-la ou não. Se é um desvio ou uma expressão natural do ser humano. Se podem "pegá-la" com a convivência. Se é hereditária. Quantos homossexuais existem no mundo.

Criam fantasias e buscam em estereótipos respostas que, na verdade, só servem para originar mais preconceitos. O homossexual masculino, por exemplo, não é necessariamente um ser com trejeitos e aptidões femininas. Assim como as lésbicas não são, na sua grande maioria, masculinizadas. Os homossexuais costumam sentir como pertencendo ao seu sexo biológico e desejando uma pessoa desse mesmo sexo.

A dificuldade e a resistência de entender a homossexualidade reside no fato de acreditarmos erroneamente que ela é um desejo aprendido ou adquirido. Não é assim. A homossexualidade, assim como a heterossexualidade, é natural para quem a sente.

A homossexualidade não é simplesmente uma prática sexual com um indivíduo fisicamente igual. A homossexualidade é um desejo de se vincular emocional e sexualmente com alguém do mesmo sexo. Em muitos casos as pessoas não se permitem esse sentimento, tentando aliviar seu desejo por vínculos amorosos com mais práticas sexuais. Ledo engano: sexo mata a fome de sexo, amor mata a fome de amor.

Muitos acreditam que a pessoa é homossexual por ter dificuldade em ser heterossexual. Isto é um outro engano, pois o homossexual não é um hétero frustrado. Ele não sente desejo por alguém do sexo oposto ao seu, ou sente muito pouco. Ele pode até ter uma prática sexual com alguém do outro sexo, mas seu desejo real é em relação ao mesmo sexo. Confusões vão continuar a existir enquanto procurarmos respostas somente fora de nós. É necessário termos consciência de nossos desejos para podermos entender o do outro.

Por que uma pessoa é homossexual?
(Gil, 18 anos)

Ninguém sabe, assim como cientificamente ninguém explica porque uma pessoa é heterossexual.

Acredita-se que a orientação sexual tenha três componentes básicos: os *fatores psicológicos*, a forma individual de cada um registrar fatos, sentimentos e impressões; os *fatores sociais*, o meio em que vive, a educação recebida, a família, etc; e os *fatores genéticos*, que, segundo pesquisas, criariam uma predisposição para a homossexualidade. Dependendo da combinação desses três elementos, a orientação sexual fluiria para homo, hétero ou bissexual.

Por que uma pessoa vira homossexual?
(Marcos, pai de uma adolescente)

Ninguém vira homossexual. Existem muitas teorias a respeito, e a mais respeitada hoje em dia é a de que a pessoa nasce com uma predisposição genética e é influenciada por fatores psicológicos (internos) e sociais (externos), os quais, somados, vão orientar o desejo sexual para a hétero, homo, ou bissexualidade.

Por que todo gay é mais vaidoso do que os héteros?
(Marta, 16 anos)

Não diria todos, mas a grande maioria realmente é muito vaidosa. Isto porque os homens julgam muito pela aparência, enquanto uma mulher, por exemplo, "perdoa" uma barriguinha ou uma careca num homem quando ela o deseja. O homem pode até "perdoar", mas tende a buscar a pessoa com um corpo o mais desejável possível. Em uma relação homossexual masculina, dois homens buscam este mesmo ideal de corpo, exigindo e ao mesmo tempo sentindo-se obrigados a atender este mesmo ideal de estética.

Adoro meu amigo gay. Acho os gays legais, são todos muito sensíveis.

(Vera, 16 anos)

Nem todo gay é sensível. O que acontece é que muita discriminação, muita dificuldade em ser aceito pode aumentar a sua sensibilidade e compreensão das coisas. O gay, mesmo não sendo diretamente discriminado pelo meio em que vive, sente-se diferente, o que, muitas vezes, faz com que olhe para dentro de si e tente encontrar respostas e saídas para seus sentimentos. Isso proporciona uma maior percepção de si e, conseqüentemente, do mundo. Mas não é sempre que isso acontece, existem muitos gays que não são sensíveis. Sensibilidade é a capacidade de sentir e independe da orientação sexual da pessoa.

Outro dia, um aluno de 14 anos me perguntou por que chorar era coisa de veado, e eu respondi que não era, que todos têm o direito de sentir tudo. Mas no fundo acho que homem que chora e que é muito sensível é homossexual. Estou errada?

(Mara, professora)

Você está certa na resposta que deu para seu aluno e um tanto quanto equivocada nos seus conceitos. Com certeza você deve ter tido uma educação que dividia muito os papéis masculinos e femininos, e isto ficou muito enraizado em você. Racionalmente, está claro que você discorda destes conceitos, mas emocionalmente ainda deve estar presa a estes valores antigos, que hoje não cabem mais. Tente conversar com a sua emoção e casá-la com a sua razão.

"Ele não tinha cara de gay, eu nunca tinha percebido."

Tatiana, 23 anos, de Joinville

Casei antes da maioridade, com 17 anos, tive que ser emancipada. O Sérgio era uma pessoa que eu conhecia desde os 13 anos e namorava fazia uns dois anos. Eu realmente gostava dele e foi tudo ótimo, excelente. Ele era a grande paixão da minha vida. O casamento durou três meses. Um dia ele viajou e eu fiquei sozinha. Resolvi ir para a casa de praia que ele tinha em Porto Feliz, mas quando cheguei dei de cara com o Sérgio e o melhor amigo dele, que também era meu amigo. Os dois estavam dormindo, peladinhos. Foi péssimo. Eles levantaram e vieram com uma conversa "Não é nada do que você está pensando". Voltei para casa e anulamos o casamento como se nada tivesse acontecido. Ele é de uma família muito rica, a mãe nunca iria aceitar que ele é gay, não dava para contar. Ele não tinha cara de gay, andava sempre vestido como executivo, eu nunca tinha percebido nada. Depois da anulação, ele foi morar junto com o Júlio.

Me senti um lixo, fiquei um tempo sozinha. Aí entrei na faculdade de medicina e fiquei amiga de uma mulher mais velha. Ela morava perto da minha casa, íamos juntas e fazíamos dupla no laboratório. Ela tinha um namorado, que eu conhecia. Um dia a gente foi estudar na casa dela e fiquei no quarto esperando enquanto ela tomava banho. Quando voltou, começou com muitos carinhos e beijinhos e me convidou para tomar banho com ela. Acabamos ficando juntas e tivemos um caso por um bom tempo. Até que ela engravidou do namorado, casou-se e me convidou para madrinha.

Fui encontrar o Sérgio, que tinha se mudado para o Rio. Ele continuava casado com o Júlio, mas sempre que podia eu ficava junto com ele. Eu gosto muito dele.

Na mesma faculdade, quando estava passando por um ciclo prático em pediatria, fui atacada pela chefe do hospital, que me dispensou do plantão e me levou para a casa dela. Foi um ataque legal, desses que dá gosto. A gente começou a namorar de ficar noiva e usar anel. Eu passava todos os finais de semana na casa dela e dormia lá praticamente toda noite. Ela não se preocupava em esconder de ninguém, era emocionante. Onde ela ia, me arrastava. Um pessoal olhava meio torto, fazia comentários, mas ela era assumidona, com um pique "ela está comigo e está comigo". Fiquei dois anos com ela. Não era apaixonadíssima mas gostava, ela me fazia sentir muito para cima.

Até que uma colega começou a me chamar a atenção de um jeito diferente, como eu não tinha sentido nem pelo Sérgio. Eu só ficava olhando, não sabia qual era a dela. Por força do destino, fui dar plantão em um hospital com ela. Era próximo do Natal, a gente trocou uns presentinhos. Ela fez uma revelação: estava namorando outra mulher, que eu conhecia, e de quem já não gostava. Comecei a ver uma luz no final do túnel.

O relacionamento dela com a outra entrou em crise e a brecha para mim começou a ficar maior. Eu estava sempre ali, no papel consolador. A gente começou a sair mais, ficava conversando dentro do carro, até que um dia quis dar um beijo. Ela disse não, mas na hora da despedida me beijou rápido na boca. Outro dia a gente estava no carro perto da casa dela (imagine se eu não tivesse carro, não ia desencantar nunca), e acabamos nos beijando e ficando juntas. O fusquinha ficou todo embaçado.

Depois de um tempo, trocamos o carro pelos motéis. Hoje, tudo o que eu sinto por ela é diferente, quero conversar a toda hora, sobre tudo. Desde que começamos o relacionamento, parei de ficar com o Sérgio, os outros todos perderam a graça. O que eu sinto não é nem paixão, é amor.

Só é veado quem dá?
(Arnaldo, 15 anos)

Veado é um termo pejorativo usado como sinônimo de homossexual. Popularmente, é dito que veado é a pessoa que dá. Mas, na realidade, tanto quem é passivo como quem é ativo (quem dá e quem come) têm o mesmo objeto de prazer, no caso um homem. Então, os dois estariam praticando um ato homossexual, ou, como se diz, os dois seriam veados.

Tem um cara na minha classe que é gay assumido, ele é o mais inteligente em matemática e o melhor jogador de futebol. Isso é possível?

(Michel, 16 anos)

Claro que é possível. Inteligência matemática, gosto por esportes – tidos como masculinos ou não –, maneira de se vestir etc. não têm correspondência com ser gay ou hétero.

Tenho muito medo de ser cantado por um gay, acho que sou capaz de matá-lo.

(Adauto, 16 anos)

Você deve ter um medo muito grande de ser confundido com um homossexual. Olhe para isso, se você está tranqüilo em relação ao seu desejo sexual, não tem porque ter tamanha raiva. Se um dia isso acontecer, saia da situação assim como você sai quando uma menina está a fim de você e você não está a fim dela.

Nas relações de dois homens tem sempre um que faz o papel de homem e o outro o papel da mulher?

(Wagner, 16 anos)

Nas relações homossexuais não existe necessariamente um padrão fixo de comportamento, existem casais que repetem o modelo heterossexual de relacionamento assim como outros que buscam uma identidade própria de relação. Se você estiver perguntando mais especificamente sobre a atividade sexual do casal, eu diria a mesma coisa. Existem casais que têm preferência por determinadas práticas sexuais, enquanto para outros casais essas práticas se alternam. Existe uma linguagem específica (um tanto quanto preconceituosa) para isso entre os gays: o ativo é o que penetra e o passivo é o que é penetrado. Ser ativo ou passivo na cama não tem correspondente na vida, nem tem ligação com a masculinidade ou a feminilidade que possam aparentar as pessoas. Homens que gostam de homens são todos gays, sejam ativos ou passivos.

**Eu entendo o que dois homens podem
fazer numa cama, mas não entendo
as mulheres. O que elas fazem, será que
elas são mal cantadas?**

(Fábio, 19 anos)

Mulheres sentem atração por outras mulheres porque é esta a sua orientação sexual, não porque tiveram experiências ruins ou pouco satisfatórias com homens. Trata-se de um desejo interior, com pouca ligação com a experiência. Diz a lenda, no entanto, que o sexo entre mulheres é o melhor que existe, justamente porque não existe a urgência de penetrar e ejacular. Mulheres costumam ser mais carinhosas, passar muito mais tempo se beijando e alisando, e, na hora h, podem chegar a penetrar a companheira com a mão inteira se ela quiser. Além disso, as mulheres têm a vantagem de poder atingir orgasmos múltiplos, ou seja, não perdem a ereção logo após o gozo. É muito difícil pensar em uma relação sexual satisfatória sem a presença do pênis, mas isso não só é possível como pode em alguns casos dar até mais prazer.

Por que todas as sapatonas são machonas?

(Bia, 16 anos)

Sapatona é um termo pejorativo para se referir a uma homossexual. Geralmente, vem acompanhado da idéia de uma mulher masculinizada. Mas saiba que uma grande maioria de lésbicas não são machonas. São mulheres iguais a qualquer uma que tenha uma orientação heterossexual.

Todo gay quer ser mulher?

(João, 15 anos)

Não, para uma grande maioria de gays sua identidade sexual é masculina, ou seja, eles se vêem como homens e querem estar com outros homens. Leia sobre identidade sexual no começo desse livro. Você vai ter uma resposta mais detalhada sobre o assunto.

A homossexualidade tem um componente genético

Um estudo feito com 167 homens e seus irmãos foi publicado em dezembro de 1991, apontando para uma importante conexão entre hereditariedade e orientação sexual. Michael Bailey, psicólogo da Universidade Northwestern, e o doutor Richard Pillard, psiquiatra da Faculdade de Medicina da Universidade de Boston, entrevistaram 56 pares de gêmeos idênticos (que têm os mesmos genes em comum), 54 pares de gêmeos fraternos (que têm a mesma similaridade genética que irmãos de idades diferentes) e 57 pares de irmãos adotados (sem qualquer semelhança genética). Em cada um dos 167 pares, um dos irmãos havia-se identificado como gay.

O levantamento apontou que 52% dos gêmeos idênticos com irmão gay eram também gays, enquanto 22% dos gêmeos não-idênticos com irmão gay eram gays. Dos adotivos, 11% eram também gays como o irmão.

A porcentagem significativamente maior de gays no grupo de gêmeos idênticos prova que os genes influem sobre a orientação sexual. Ao mesmo tempo, conforme Bailey e Pillard notaram, nem todos os gêmeos idênticos se disseram gays, o que indica haver alguma influência do meio ambiente também. (Extraído de *Passages of pride*, de Kurt Chandler, Nova York, Times Books, 1995.)

Por que as meninas podem dar beijo uma nas outras, sair de mão dadas sem virar sapatão? Os meninos, se fizerem isso, vão virar veado?
(Victor, 14 anos)

Em primeiro lugar, ninguém "vira veado". O que ocorre é que a pessoa descobre o seu desejo por uma pessoa do mesmo sexo. Existe um mito de que a afetividade é a causa da homossexualidade. Não é. Homens heterossexuais podem se abraçar e beijar o quanto quiserem que não vão virar homossexuais, como você bem disse, as mulheres são o maior exemplo disso.

Há também uma crença completamente equivocada de que todos os homossexuais são pessoas afetivas e sensíveis. Tem muito gay por aí que não é nada disso. A sociedade cobra do homem uma postura dura e insensível, definindo isso como masculinidade, mas saiba que a afetividade e o carinho não são determinantes para uma orientação homossexual, e ajudam todo mundo a levar uma vida mais feliz.

Homossexualidade é opção?
(Marina, 18 anos)

As pessoas dizem que é, mas isso não é verdade. O termo opção é muito utilizado principalmente por pessoas que dizem não ter preconceitos, querendo justificar as escolhas de gays e lésbicas. Mas nenhum homossexual sente que optou por esse desejo, assim como os héteros não optaram pelo seu. O que alguns homossexuais podem dizer é que optaram por viver o seu desejo, mas não que o escolheram.

Opção implica uma escolha. Para que existisse uma escolha, seria necessário que a pessoa sentisse um desejo afetivo-sexual tanto por homens quanto por mulheres, na mesma intensidade, e aí decidisse por quem iria se interessar. Não é isso o que acontece, a não ser em alguns casos denominados bissexuais. Os homossexuais, assim como os heterossexuais, não optam pelo caminho de seu desejo, mas descobrem, sentem, reconhecem para onde a energia afetiva sexual os leva. Hoje não se diz mais opção mas sim de orientação afetivo-sexual.

Quando contei para minha mãe que eu gostava de homens, ela chorou muito e perguntou se eu ia querer mudar de sexo. Ri muito.
(Maurício, 19 anos)

Tem muita gente que pensa que se uma pessoa gosta de homens, é porque quer ser mulher. Isso é um grande engano. O homossexual masculino, de modo geral, sente-se homem, quer ser homem e gosta de outro homem. A identidade sexual dele corresponde à de seu sexo biológico. O desejo sexual é que está orientado para o mesmo sexo.

2
Bissexualidade também existe

A bissexualidade é, das orientações sexuais, a que mais polêmica causa. Geralmente, a pessoa é interpretada pelas outras como não-resolvida, "em cima do muro", etc. Os grupos homossexuais excluem os bissexuais, e os héteros não os compreendem. A rejeição vem de todos os lados. Em suas relações afetivas, quando é declarada essa orientação, os pares se desesperam porque não sabem quem são os "competidores", de quem devem ter ciúmes, e temem não ter como lutar pela posse de seu amado, porque não sabem como satisfazê-lo.

Se o homossexual é visto como um ser extremamente sexualizado, o bissexual é tido como duas vezes mais. Homens e mulheres bissexuais são tratados como se não tivessem capacidade afetiva para uma relação amorosa fixa. Muita gente acredita, erroneamente, que estas pessoas estarão sempre sexualmente insatisfeitas se tiverem somente um parceiro. Na verdade, o bissexual sente desejo afetivo-sexual por ambos os sexos e sente-se satisfeito com qualquer um deles, mas não precisa se relacionar com duas pessoas ao mesmo tempo.

Não é tão comum quanto se imagina encontrarmos bissexuais que tenham orientação na mesma intensidade para homens e mulheres. O mais habitual é que as pessoas bissexuais tenham um pouco mais de tendência para relacionar-se ou com pessoas do mesmo sexo, integrando-se então à cultura gay, ou com pessoas do outro sexo, quando se misturam aos heterossexuais. Com a pressão social e a dificuldade de serem compreendidas, muitas vezes optam por exercer apenas um dos lados de seu desejo.

É preciso aqui distinguirmos a prática da orientação sexual. O que encontramos com freqüência são pessoas com práticas sexuais aleatórias, ou seja, pessoas que têm relações sexuais – mas não amorosas – com ambos os sexos. Fazer sexo com uma pessoa não significa que se tenha desejo sempre por aquele sexo. Um heterossexual que experimente transar com um gay não se torna bissexual por causa disso, a menos que tenha sempre esse desejo. Homossexuais que experimentam o sexo hétero também não se transformam em bissexuais. Prática sexual todos podem ter com qualquer um, independentemente da orientação sexual. O bissexual dá um conteúdo diferente a esses contatos, carregando-os de sentimentos, vínculos e envolvimentos emocionais.

Bissexuais em relação a afeto somos todos nós. Temos sentimentos de afeição e amor por homens e mulheres durante a nossa vida. Podemos amar o amigo, o pai, a irmã e a professora. Homens e mulheres bissexuais, no entanto, sentem que seu natural é ter desejos afetivos e sexuais por pessoas de ambos os sexos.

Já fiquei com meninos e com meninas, não sei qual dos dois gosto mais. Preciso me definir?
(André Luís, 17 anos)

Não, se isso não é problema para você. Se você gosta de meninos e meninas, o que provavelmente vai determinar a sua escolha vai ser o vínculo com quem estiver. O importante é desenvolver a sua capacidade de amar e ter uma relação afetiva.

Bissexual é quem tem dois sexos?
(João, 15 anos)

Não. Uma pessoa que tem dois sexos, ou melhor, tem órgãos sexuais dos dois sexos, é chamada de hermafrodita. Bissexual é a pessoa que deseja afetiva e sexualmente pessoas do mesmo sexo que o seu e também do sexo oposto. Por exemplo, um homem que se relacione afetiva e sexualmente com homens e com mulheres é bissexual.

Meu namorado gosta de assistir filme pornô em que as mulheres transam uma com as outras. Não digo nada, mas fico com tesão, muito estimulada, mas só em filmes. Isso é comum?
(Ângela, 17 anos)

Perfeitamente, todos nós nos estimulamos de diferentes formas. O fato de a imagem de duas mulheres provocar tesão em você e seu namorado pode simplesmente indicar que vocês são desinibidos em relação a esta fantasia. Geralmente, quando duas mulheres estão transando nos filmes, a relação vem acompanhada de mais carícias do que quando estão com homens. Carícias estimulam muito mulheres e homens, só que muitos não se permitem receber e não sabem dar.

Entendo meus amigos héteros me rejeitarem por eu ser bissexual, mas não entendo a rejeição de meus amigos gays.
(Jobar, 19 anos)

Seus amigos gays o rejeitam pelo mesmo motivo que os héteros. O fato de também sofrerem discriminação muitas vezes não os transformam em seres capazes de entender, e por conseqüência eliminar, os preconceitos contra as diversas formas de manifestação sexual. Para livrar-se de preconceitos é necessário ter informações e estar tranqüilo com a sua verdade. Você vai acabar encontrando pessoas que o entenderão e essas, independente de serem hétero ou homossexuais, serão as que já estão tranqüilas com a sua orientação sexual.

Ivete, 25 anos, do Rio de Janeiro

Conheci a Cláudia na escola de música, quando eu tinha 15 anos. Ela era muito engraçada, tocava bem, ficamos amigas. Ela é 5 anos mais velha que eu e já tinha carro, levava a nossa turma para passear e comer sanduíche. Era muito divertido, todo mundo gostava dela. Aí a gente foi ficando cada vez mais próxima e ela começou a ter umas atitudes estranhas. Eu sempre fui tonta, demoro para perceber as coisas. Ela fez várias investidas, disse que queria transar comigo, mas eu dava risada. Ela fazia tanta piada que só fui acreditar quando ela me agarrou.

Entrei em choque, fiquei completamente confusa. As coisas foram num crescendo, a gente começou a sair mais e fui ficando envolvida com ela. Demorou uns quatro meses até a gente transar mesmo. Eu queria, mas tinha medo. Não fui lá de peito aberto, achando a coisa mais natural do mundo. E comecei a ir mal na escola, não prestava atenção na aula. Estar com ela era muito bom, mas eu tinha medo de que a relação me marginalizasse, me deixasse sozinha, longe dos amigos. Eu não tinha com quem conversar sobre aquilo, era tudo clandestino. A mãe dela me enlouquecia, a minha queria que eu arrumasse um namorado. Ficava perguntando por que eu não namorava, por que só andava com a Cláudia.

Eu sentia muita culpa porque não estava sendo honesta, tinha que inventar histórias e namorados. Era completamente apaixonada por ela, mas a sessão família me deixava mal. Quando eu estava com ela me sentia bem, feliz, a gente se divertia com qualquer coisa. Mas dentro de casa, minha família me perturbava.

Meu pai abusava sexualmente de mim, se aproveitava de todos os momentos em que minha mãe saía para vir para cima de mim. Por outro lado, quando minha mãe desandava a falar sem parar sobre a Cláudia e o que as pessoas diziam e as fofocas das minhas tias, meu pai a mandava calar a boca. Até que chegou um momento em que ela perguntou abertamente se eu namorava a Cláudia. Disse que, se eu respondesse a verdade, ela não iria mais brigar, eu poderia ser honesta. Aí eu disse sim, que eu namorava a Cláudia. Minha vida virou um inferno. Minha mãe passou a me perturbar 24 horas por dia, as pessoas não podiam mais ligar para mim nem ir lá em casa que ela ficava dizendo "mais um dos seus amigos bichas".

Fiquei numa situação em que, se eu não saísse de casa, iria enlouquecer. Meu pai abusando de mim e minha mãe falando sem parar eram demais para mim. Aí achei que o paraíso seria morar com a Cláudia. Ela trabalhava, tinha dinheiro, a gente podia juntas pagar um aluguel. Ia ser o nosso aluguel, e não o da casa da minha mãe. Mas o que eu idealizei com ela não aconteceu. Ela queria namorar, eu queria casar. Fui morar com um amigo.

Nesse tempo todo meu desejo por homens nunca desapareceu. Sempre virei para olhar os meninos bonitos da faculdade e que faziam ginástica na praia. Comentava com todos como eram gostosinhos. Só não ia atrás porque estava envolvida com a Cláudia, que me dava tranqüilidade e transava muito gostoso. Hoje sinto que existe a possibilidade de eu me apaixonar por um homem e também por uma mulher. Só que não estou preocupada com isso. Fui procurar terapia porque por muito tempo não lidei com a questão do abuso. Meu foco hoje é: como volto a confiar nas pessoas, como crio auto-estima, como resolvo minha falta de segurança na pesquisa que estou fazendo para o mestrado? O que me preocupa não é se sou lésbica ou não, se sou bissexual ou hétero, mas como desmontar o que o meu pai me fez e me livrar das dificuldades que o abuso criou para mim.

Fazia troca-troca quando era pequeno e gostava. Às vezes, lembro disso. Tenho uma namorada e a gente transa legal. Será que sou bissexual?
(Alfredo, 18 anos)

Fazer troca-troca é uma brincadeira erótica muito comum na infância, principalmente entre os meninos. É uma forma de experimentar o corpo e as sensações que ele produz.

Diz-se que é uma brincadeira porque na cabeça da criança não existe ainda o jorro de configurações sexuais que aparecem quando ela se torna adolescente ou adulta. A intenção é de aprender papéis novos e imitar os adultos.

Ter feito troca-troca não significa que você irá se descobrir homossexual quando adulto, mesmo porque muitos homossexuais não fizeram essa brincadeira quando crianças. Lembrar desses fatos pode significar simplesmente memórias gostosas, como outras que devem vir à sua mente.

Você diz ter uma namorada e que a relação é legal. Você deve estar então tranqüilo a respeito de seu desejo sexual em relação às mulheres, e em relação aos homens, se for só uma lembrança, não diria que você é bissexual. Agora, se você sente também uma atração *hoje* por homens e seu desejo também é tê-los como parceiros, poderíamos dizer que sua orientação sexual é bissexual.

Ninguém me entende, gosto de fazer sexo com meninos e meninas.
(Andréia, 17 anos)

A maioria das pessoas tem essa dificuldade porque o desejo sexual delas é orientado para um único gênero. Na verdade, a maioria das pessoas gostaria que o mundo fosse exclusivamente heterossexual, mas é obrigada a constatar que existe a homossexualidade. Tentam, então, incansavelmente descobrir formas de segregar os homossexuais, para que não haja dúvidas sobre quem é quem.

A bissexualidade é ainda mais difícil de ser entendida por essas pessoas porque parece ser uma mistura de homo e heterossexualidade, comprovando a teoria maior de que a orientação sexual pode se manifestar por vários caminhos e que existe mais de uma possibilidade de relacionamentos afetivo-sexuais. Importante é você entender o seu desejo e deixar que ele siga o seu curso, que para você é o seu natural.

"Gosto de fazer sexo com meninos e meninas."

Todo mundo fala que o legal é ser bissexual porque a gente tem mais chance de ser feliz. Eu sou.

(Paula, 18 anos)

Percebo que a bissexualidade não é problema para você. Entretanto, maior chance de ser feliz não está vinculada à quantidade de pessoas que você possa ter para "escolher", mas sim à sua capacidade de dar e receber afeto, da sua disponibilidade para aprofundar vínculos, à sua predisposição para o amor. Pense nisso.

Meu namorado quis transar a três (ele, eu e mais uma mulher). Transei e gostei. Estamos namorando a três. Será que isso é muito errado?

(Marina, 19 anos)

Errado não é. As pessoas são livres para se vincular com quem tenham vontade, desde que seja consentido por todas as partes. Muitas pessoas já tentaram ter esse tipo de relacionamento. Na década de 60 e 70, o movimento *hippie* apregoava o amor livre e as relações mais abertas. Mas não deu muito certo. A maioria das pessoas percebeu que não dava para rejeitar sentimentos como ciúme, fidelidade física e emocional, e que o desejo de ter um parceiro ou parceira exclusivo para amar era quase que natural. Para a maioria de nós, o amor é monogâmico e o desejo sexual é poligâmico. Uma relação a três tende a romper-se quando qualquer uma das partes sente estar recebendo pouca atenção de quem mais gosta. Buscar aumentar o nosso prazer sexual é bom, mas é necessário levar em conta o nosso bem-estar emocional.

Sérgio, 19 anos, de São Paulo

Eu nunca tinha sentido nada por caras. Tive namoradas, transei a primeira vez com 14 anos, foi super legal, era uma menina mais velha do que eu, da escola. Foi numa festa, a gente bebeu e rolou, foi ótimo, me senti um homem naquele dia. Eu e meus amigos fazíamos a maior zona nas festas e na rua. Eu era briguento e confesso que uma vez a gente bateu num cara que era veadinho, ele estava andando perto de um parque e um amigo que já tinha carta deu a idéia. Nós fomos, eu me senti mal, mas tinha que dar uns socos porque senão ia ficar feio para o resto da turma.

Aquilo ficou na minha cabeça, me senti super mal. Um dia, fui tentar ver se encontrava o carinha para pedir desculpas, tentei várias vezes mas não o encontrei. Depois de um ano, dei com ele sem querer na academia de ginástica, fiquei com vergonha, ele não me reconheceu. Mas eu tomei coragem, fui lá e me entreguei, pedi desculpas. O cara ficou mal mas sorriu, me desculpou e pediu para eu não contar para ninguém, porque ele não queria mais lembrar daquilo.

Eu fui me aproximando dele, querendo ser amigo, e ele me rejeitou muito. Desisti. Depois de uns dois meses eu tive um sonho em que estava transando com ele, acordei melado e me sentindo mal, pensei que minha culpa estava me levando longe demais.

Mas a idéia não me foi repugnante, eu lembro que foi gostoso, no sonho eu passava as mãos nas pernas dele, na bunda, beijava, era interessante, mas eu não me permiti sentir mais.

Até que, quando eu estava com 18 anos, fazendo cursinho para vestibular, encontrei um daqueles amigos que sempre faziam zona comigo. Ele estava diferente, aí se abriu comigo e disse que era gay! Eu caí das pernas, ele era o mais briguento e o mais comedor de meninas da turma! Ficamos amigos e um dia ele me levou numa boate gay. Me diverti a beça, dancei com ele, foi muito estranho porque não me senti estranho. Voltei lá sozinho várias vezes, até que um dia quis experimentar beijar um homem. Beijei e gostei, foi muito diferente, mais forte, pareceu ter mais tesão. O cara queria transar comigo mas eu recusei, apesar de querer transar com ele também.

Na academia no dia seguinte, o cara em quem eu havia batido veio falar comigo, disse que tinha me visto na boate. Fiquei com vergonha, me sentindo meio culpado, e contei a ele como tinha chegado lá. Ele disse que, se não era a minha, era melhor eu parar de ir lá, porque senão iam começar a falar de mim. Disse que talvez eu estivesse sentindo culpa pelo que tinha acontecido no passado, que não precisava, que eu era um cara legal e podia esquecer tudo, já estava perdoado por ele. Eu disse a ele que não estava indo por culpa, era porque lá me sentia bem, achava os homens interessantes como as mulheres. Que tinha vontade de experimentar. Ele insistiu para que eu não fizesse isso com qualquer pessoa, ficou preocupado comigo.

Essa preocupação dele, esse carinho, o olhar e as lembranças do meu sonho foram me deixando maluco. Cada vez que eu o encontrava na academia, sentia meu coração bater, meu corpo chamar o dele. Percebia que ele também sentia algo, mas fugia. Até que, um mês depois, não agüentei e o convidei para ir em casa. Não teria ninguém lá, meus pais tinham ido viajar. Ele foi meio com medo. Chegamos em casa e parecia a primeira vez que eu estava com alguém, minha fala se engasgava, meu coração batia, e minha cabeça girava, e eu me perguntando ao mesmo tempo: cara você é louco? Você pirou? O que aconteceu, você virou veado? A única resposta que vinha na minha cabeça era o meu desejo, maior do que tudo.

Dei um beijo nele e senti como se meu corpo saísse do ar, era um misto de prazer e medo do que iria acontecer comigo depois daquilo. Transamos e foi fantástico. Foi muito melhor do que no meu sonho. Não tive nojo, não tive espanto, tive foi o maior prazer que eu podia imaginar. Continuamos a nos encontrar, e estava tudo bem, até que uma ex-namorada me ligou. Eu gostava muito dela. Fiquei maluco, queria vê-la e não sabia se iria conseguir. Isso não seria traição? Eu precisava ter certeza. Fui, estava nervoso, mas transamos e a transa foi fantástica também.

Parei, pensei, e percebi que gostava de transar com pessoas, que não importava o sexo, meu corpo respondia aos dois. Percebi que gostava mais do Felipe do que da minha namorada, e optei por ficar com ele. Acho que minha vida vai ser assim, irei para quem meu coração escolher. Estou feliz com o Felipe, mas não sei se ele vai ser a pessoa da minha vida. Tenho 19 anos e sei que vou viver muitas coisas. Fico feliz por ter percebido que posso me relacionar com qualquer pessoa. Não tenho medo de mim, me sinto mais forte e mais homem.

"Sou gay mas não sou afeminado."

3
Olhando o nosso preconceito

Preconceito todos têm em relação a alguma coisa. Como a palavra diz, trata-se de um conceito, um julgamento, feito *antes* de se entrar em contato com o fato. É sempre preconceito falarmos de um grupo como um todo em vez de sobre as ações de indivíduos que já conhecemos. Por exemplo, é preconceito dizer que os índios não gostam de trabalhar. Não é preconceito dizer que o Acauã, um índio que você já conhece pessoalmente, não gosta de trabalhar, se você já constatou que isso é verdade.

São muitos os preconceitos existentes em relação à sexualidade. Talvez o mais falado e de difícil digestão para a maioria das pessoas seja o preconceito contra a homossexualidade, tanto masculina quanto feminina. Recebemos desde cedo uma carga de valores desqualificativos em relação às pessoas com essa orientação, o que faz com que, muitas vezes, acabemos repetindo os comportamentos de rechaço para nos distanciarmos de algo que não queremos para nós. Todos desejam ser respeitados e aceitos pelo mundo. Ninguém gosta de sentir-se alvo dos valores desqualificativos que são atribuídos, sem razão alguma, aos homossexuais.

Em geral, quem tem muito preconceito está se defendendo de alguma coisa de que tem medo. E se uma pessoa teme tanto algo, é porque, de alguma forma, aquilo pode estar dentro dela. Uma pessoa tranqüila com a sua orientação sexual não precisa do preconceito para se defender, porque sabe que nada irá atacá-la e nem vai surgir nada novo de repente. Ela já sabe do que gosta e deseja.

Muitos heterossexuais são amigos íntimos de gays e lésbicas porque sabem que estes não os ameaçam em nada. Têm claro para si que seu desejo é orientado para uma pessoa do sexo oposto. Estes são denominados simpatizantes pelos homossexuais, porque estão resolvidos e tranqüilos com seu desejo.

Existem também pessoas que se defendem de homossexuais porque pensam, erroneamente, que os homossexuais são héteros frustrados, por algum motivo. Isso é uma outra crença enganosa. Homossexuais não são héteros frustrados, são pessoas que se realizam afetiva e sexualmente com pessoas do mesmo sexo.

Meninos e meninas homossexuais sofrem muito com o preconceito, principalmente na adolescência, quando têm que aprender a lidar com o seu próprio. Eles também receberam uma carga de informações desqualificativas a respeito da homossexualidade e, quando se vêem homossexuais, acreditam estar condenados a ser tudo o que ouviram falar de ruim sobre "veados" e "sapatonas".

Aos poucos, vão formando um conceito real e pessoal da sua homossexualidade. Livrar-se dos preconceitos é trabalhoso para homo e heterossexuais, porque obriga cada um a olhar para seus desejos, muitas vezes guardados secretamente. Mas no fim esse trabalho tem sempre um final feliz, porque todos, héteros, bi e homossexuais, podem ficar tranqüilos com suas orientações sexuais.

O importante é não ficar preso aos preconceitos que nossos pais, amigos e a mídia ensinaram e mostrar para nós mesmos que somos capazes de formar novas idéias, de enriquecer-nos com conhecimentos. Criar novos conceitos é uma atitude de evolução.

Minha melhor amiga me disse que é lésbica. Eu não sou, mas não sei o que faço. Tenho medo de que ela me dê uma cantada. Gosto dela. Será que dá para a gente continuar sendo amigas?
(Elisete, 16 anos)

Que vocês podem continuar sendo amigas eu não tenho dúvidas, homossexualidade não pega. O que você deve fazer é dizer a ela que gosta muito dela, mas o seu desejo é por homens. Que você respeita o dela e gostaria que ela respeitasse o seu. Isso é ser amigo, gostar do outro levando em consideração as diferenças. Agora, quando você diz que tem medo de que ela dê uma cantada, acho que você está falando algo que pode ter duas respostas. Uma delas é que talvez, lá no fundo, você tenha medo de que isso mexa com você. Se não for isso, faça com ela como você faz quando um garoto se aproxima e você não é a fim!

Meu melhor amigo nunca namorava, até que um dia ele se abriu e disse que era gay. Tudo bem para mim, cada um na sua. Mas tenho medo que os outros descubram que ele é e pensem que eu também sou. Não quero me separar dele. Ele é um cara muito legal. O que eu faço?
(Adalberto, 17 anos)

Por que será que você tem medo de que os outros pensem que você é gay? Mesmo que pensem, você sabe que não é. Pode ficar tranqüilo, porque orientação sexual não passa. Nem você vai ser contaminado pela homossexualidade de seu amigo, nem vai contaminá-lo com a sua heterossexualidade.

É muito difícil ser julgado e condenado por um grupo. Se você tem receio do que possam falar de você, mesmo não sendo verdade, imagine o receio de seu amigo. Pense nele. Ensine seus amigos a serem menos fechados e irem aprendendo a ver que no mundo existem diferenças, e que todos podem se dar bem juntos. Como você bem diz, cada um na sua.

A homossexualidade não é doença e não pode ser mudada

A Sociedade Americana de Psicologia, uma associação que congrega todos os psicólogos dos EUA, produziu um folheto em que divulga seu posicionamento a respeito da homossexualidade. Entre outras coisas, explica que "a orientação sexual é diferente do comportamento sexual, porque se refere aos sentimentos e conceitos de si próprio. As pessoas podem ou não expressar a sua orientação sexual através do comportamento. [...]

"Em 1973, a Sociedade Americana de Psiquiatria confirmou a importância das pesquisas que estavam sendo realizadas ao remover o termo 'homossexualidade' do manual oficial que lista todos os distúrbios mentais e emocionais. Em 1975, a Sociedade Americana de Psicologia aprovou uma resolução em apoio àquela decisão. Ambas as associações solicitam que os profissionais de saúde mental colaborem para acabar com o estigma que algumas pessoas ainda associam à orientação homossexual. Desde que a homossexualidade deixou de ser classificada como doença mental, pesquisas adicionais feitas pelas duas associações vêm confirmando aquela decisão. [...]

"Em 1990, a Sociedade Americana de Psicologia tomou a posição oficial de que as terapias de conversão da homossexualidade para a heterossexualidade não funcionam e fazem mais mal do que bem, conforme apontam as evidências científicas. Alterar a orientação sexual de uma pessoa não é simplesmente uma questão de mudar o seu comportamento. Ela requereria uma alteração dos sentimentos emocionais, românticos e sexuais da pessoa, além de uma reestruturação do conceito de si própria e sua identidade social. Apesar de alguns profissionais de saúde mental tentarem aplicar terapias de conversão da orientação sexual, muitos outros questionam a ética de se desejar mudar uma característica que não é um distúrbio e tem uma grande importância para a identidade do indivíduo."

Então lésbicas também pegam Aids?
(Malu, 14 anos)

Infelizmente, qualquer pessoa que faça sexo sem proteger-se pode pegar Aids. No caso de duas mulheres, uma pode contaminar a outra por meio dos fluidos vaginais, da menstruação, por uso em comum de seringas ou qualquer outro jeito em que os líquidos do corpo de uma entrem no corpo da outra. Veja no final dessa obra uma lista das práticas arriscadas.

Não gosto de futebol, converso muito com as meninas, não sou de briga. As pessoas pensam que eu sou gay. Será que vou ter que me forçar a fazer coisas de que não gosto para que meus amigos não me encham?
(André, 16 anos)

Se você tiver que provar alguma coisa a alguém, que seja para você mesmo! Você já pensou na hipótese de que seus amigos talvez tenham inveja de você? Você tem facilidade de chegar nas meninas, o que provavelmente muitos deles não têm. Se você não é violento e não gosta de futebol, isso é um gosto seu, não significa ser mais ou menos homem. O seu jeito de ser é diferente do dos outros, você com certeza será uma pessoa com mais possibilidade de compreender o mundo, respeitar as diferenças e entender que cada um tem uma forma original de buscar a felicidade.

O que você também está me dizendo é que a aprovação para os seus atos é muito importante. Com certeza, todos precisamos nos sentir aceitos de alguma forma. Você deve ter algo que eles admirem e aceitem em você. Na maioria das vezes, nossa aceitação pelo mundo não é total, mas o mais importante é que nós mesmos nos aceitemos como somos.

Todo gay morre de Aids?
(José, 14 anos)

Gays, assim como heterossexuais, morrem de doenças diversas, inclusive Aids. Muitas pessoas associam Aids a gays porque os primeiros casos identificados foram em pacientes que, coincidentemente, eram homossexuais. A mídia então rotulou a Aids de *praga gay*, o que foi muito ruim não só por ter aumentado o preconceito contra os homossexuais como por fazer com que a população heterossexual não se protegesse. Na verdade, nunca existiu grupo de risco. O que existiu – e existe – é prática de sexo com risco de contaminação.

Sou gay mas não sou afeminado. Ninguém sabe e todos pensam que eu sou garanhão. Sou o melhor do meu time de futebol e faço musculação. Gostaria de saber por que, toda vez que aparece um gay na televisão, sempre é um cara bandeiroso.
(Cláudio, 17 anos)

Você teria coragem de aparecer na televisão? Provavelmente não. A maioria dos gays que aparecem na TV, justamente por serem afeminados, já foram mais expostos a um reconhecimento do público e já se acostumaram com isso. Levar uma vida exposta num país onde a grande maioria é machista não é fácil, e você deve saber disso. Mas quando a pessoa consegue ser transparente e livre de julgamentos externos, com certeza é muito mais feliz. Como diz Caetano Veloso, "cada um sabe a dor e a delícia de ser o que é".

Por que o homossexual é comparado a bandido e a drogado?
(Vânia, 15 anos)

Porque a homossexualidade era tida como um comportamento de perversão. Antigamente as pessoas acreditavam que esse comportamento era um desvio e que só existia um comportamento natural na sexualidade. Hoje, depois de vários estudos, ficou esclarecido que a homo e a bissexualidade são apenas uma outra forma de manifestação dos desejos sexuais e afetivos. O que acontece é que as pessoas não internalizaram essa verdade e a grande maioria ainda acredita que homossexualidade é um defeito de caráter, um desvio ou um comportamento aprendido. É um preconceito ruim para todos.

Caio, 23 anos, de Curitiba

Desde menino eu sentia atração por homens. Fazia troca-troca, mas percebia que era meio diferente dos meus amigos. Eu me apaixonava. Dentro de mim, pensava que era namorado deles. Um dia, um amigo do meu irmão, que era uns quatro anos mais velho do que eu, sorriu para mim. Senti que era um sinal verde e dei um beijão na boca dele, eu o adorava. Eu tinha 10 anos e, até meus 14, fizemos sexo todos os dias. A gente não comentava se era certo ou errado, a gente se curtia muito. Mas não era tranqüilo, eu vivia cheio de culpa, morrendo de medo que alguém descobrisse. Eu ficava quieto, não tinha amigos, era mal-humorado. Fui me afastando do meu pai para que ele não descobrisse nada. Eu tentava ser bonzinho, mas às vezes não conseguia e brigava com todo mundo.

Um dia, o Ronaldo disse que eu tinha que arrumar uma namorada e que ele também ia arrumar uma. Pensei em me matar, quase pulei do prédio. Não agüentei a dor de não ter mais quem eu amava e ser diferente, sentir coisas por um homem que sabia serem super proibidas, "pecados mortais". Eu não entendia o porquê de tudo aquilo. Só resolvi não me matar porque segui o conselho do Ronaldo e conheci a Lu. Eu gostava dela. Namorei três anos, mas não consegui esquecer o quanto era mais gostoso para mim estar com meninos. Desmanchei para ser honesto comigo e com ela. Eu estava com 17 anos e no colégio tinha um amigo por quem eu era apaixonado. Ele tinha o mesmo nome que eu, Caio. Ficamos fazendo sexo por dois anos, mas era frio, a gente não era namorado. Eu queria era estar com um cara e namorar.

Não via a hora de sair de casa e ter minha vida. Eu estava distante de tudo e todos. Quase larguei meus estudos para poder me sustentar e viver sozinho. Mas nessa época eu não estava apaixonado por ninguém e resolvi prestar vestibular. Com 20 anos entrei na faculdade de Direito e lá encontrei o amor que sempre desejara. Ainda bem que não desisti dos estudos! Ele era meu colega, podia ir em casa, a gente saía, escutava música, namorava, era ótimo. Depois de um tempo interrompemos o namoro porque ele foi embora para Londres, ele tinha esse sonho, queria ir para lá. Eu, mesmo com o coração na mão, dei a maior força, acho que amor é isso. Hoje acho que todo mundo sempre soube em casa e sinto a maior tristeza porque nunca ninguém disse nada, nunca ninguém me deu apoio. Eles hoje me respeitam, acho que não preciso falar nada, tenho a minha vida, sou grato por terem pago minha faculdade, mas nunca me senti realmente amado por eles, quem sabe isso um dia mude.

Quando acabar a faculdade vou para Londres encontrar o Paulo, a gente se fala sempre e, mesmo longe, sei que a gente se ama muito. Esse amor me ajudou a perceber que eu sou normal, igual a todo mundo, só que meu desejo é diferente da maioria, meu desejo é por um igual. Fico feliz de ter tido forças e não ter mentido para mim.

Encontrei o Ronaldo outro dia, nunca mais o tinha visto. Ele casou, está com 27 anos, tem um filho. Conversamos, e ele deu aquele mesmo sorriso de quando eu tinha 10 anos. Eu me abri e contei toda a minha vida. Ele disse que às vezes sai com homens, que nunca deixou de gostar, mas que não agüentou a pressão da família. Está super infeliz, leva uma vida dupla, se sente culpado e sozinho, não conversa nada com ninguém. Fiquei com pena, vou ser amigo dele e só. Não dou para ser amante e não quero ser comparsa de uma mentira que ele não tem coragem de recusar. Quem sabe um dia ele não manda os pais para o inferno e se dá uma chance de ser feliz, e da mulher ser feliz.

Todo cara que tem raiva de gay é homossexual?
(Afanásio, 18 anos)

Alguns são e tentam negar mostrando essa atitude, é como se olhassem no espelho e vissem uma imagem de que não gostassem. Outros têm muito medo de ser homossexuais, e se sentem medo é porque nunca olharam para a sua sexualidade de forma tranqüila e sadia. Geralmente, esses homens baseiam a sua sexualidade não no masculino, mas num estereótipo de macho, que é aumentado sexualmente. Podemos ver que todas as pessoas que tentam ser super têm uma fraqueza muito grande em algum lugar. O macho que tenta ser super masculino na verdade deve sentir-se pequeno, impotente em relação a algo na sua sexualidade ou na sua história, porque, se assim não fosse, não precisaria ser super, bastaria ser ele próprio. O heterossexual que está tranqüilo com seu desejo sexual não tem raiva e nem teme se "contaminar" pela homossexualidade. Ele se relaciona tranqüilamente com o gay porque tem consciência de seu desejo.

Por que será que ninguém se incomoda muito com agressão, miséria, guerra, mas se aparecem dois homens ou duas mulheres se beijando, se amando, todo mundo se espanta, fica indignado, a censura cai de pau. Não entendo por que amor assusta e agressão não.
(Rodrigo, 17 anos)

Porque o humano infelizmente está mais ligado na destruição, no prazer da dor, na competição do que no amor, no sentimento, na solidariedade, na troca, no respeito. A grande maioria dos seres humanos ainda querem impor sua verdade como se existisse uma única. Não há ainda tolerância com as diferenças.

O que posso dizer a você é que continue se espantando com isso, continue se sentindo agredido com a violência e não com o afeto. Só assim os valores do mundo vão ser transformados. Parabéns!

Nunca contei para ninguém, mas meu pai é gay e minha mãe também, eu adoro os dois. Tenho um namorado que quer conhecê-los, mas não sei se devo contar para ele. E se ele não respeitá-los?
(Bruna, 16 anos)

Converse com seu namorado primeiro. Explique as escolhas afetivas de seus pais e diga o quanto gosta deles. Tenho certeza de que será muito bom para que seu namorado também amadureça e perceba que no mundo existem vários tipos de família. Não há motivos para que seu namorado se sinta mal com isso. Ele vai lidar bem com o fato se você também lida bem com isso. Muito dos preconceitos e dificuldades que o outro possa ter são causados pelo fato de o problema não estar bem resolvido dentro de nós. Peça ajuda a seus pais, eles com certeza devem saber melhor do que ninguém como ajudá-la nesse caso, devem entender de discriminação e preconceito melhor do que qualquer um.

4
Será que sou gay/lésbica?

Essa é uma pergunta da qual muitos fogem. O medo, o preconceito, o desconhecimento de sua sexualidade, do prazer que o seu corpo pode proporcionar geram dúvidas que muitas vezes ficam impedindo, durante anos, a felicidade que você poderia atingir se elas tivessem sido esclarecidas. Mas é preciso coragem para se perguntar: será que sou gay? Será que sou lésbica? E se a resposta gerar mais dúvidas, e se for um sim, o que será do destino, como viver, como conseguir ser feliz?

O preconceito é forte e temos a sensação de que estamos condenados a esconder esse desejo, de nós e dos outros, para o resto da vida. Criamos uma proteção para que nada nos lembre desse questionamento, e achamos que a melhor solução é atacar quem é homossexual, ou tentar viver como hétero e ignorar os próprios sentimentos. Essa dificuldade de se questionar transforma a pessoa em carrasca de si mesma e fecha o caminho para a felicidade. Não entender a homossexualidade é não entender a heterossexualidade, é não conhecer seus limites, seus desejos, suas possibilidades, é não estar livre não só para o sexo mas também para o desenvolvimento afetivo.

Muitos adolescentes hoje em dia têm a coragem de se perguntar. O mundo está mudando, requer informações precisas, as pessoas não aceitam mais qualquer desculpa como resposta. Os papéis sexuais se transformam e se mesclam. E com isso vamos abrindo espaço para elucidar o que deve ser entendido. Não adianta dizer meias verdades ou fingir que não a vemos. As pessoas mudaram e querem transformar o mundo.

Muitos, principalmente na adolescência, se permitem viver experiências, fantasias e situações variadas. Alguns homens se permitem sentir prazer em partes do corpo tidas como proibidas para a masculinidade. Outros têm uma vivência homossexual como treino para uma relação heterossexual. A curiosidade está instalada e tentam-se quebrar mitos e tabus em relação aos papéis sexuais anteriormente estabelecidos com tanta rigidez. Homens usam brincos, mulheres praticam esportes tido como exclusivos de homens. Mas paira ainda o medo da homossexualidade, fundamentado em puro preconceito, porque é muito difícil uma pessoa sentir-se diferente, sentir desejos que não controla e ao mesmo tempo sentir que esse é o seu natural, a sua verdade. Muitos adolescentes e adultos tentam fugir e se enganar, colocando a vida em risco, envolvendo-se em relações que sabem que não vão se sustentar, comprometendo emocionalmente a si e aos outros.

É na adolescência que quase a totalidade das pessoas descobre o seu sentir natural, afetivo e sexual, e é nesse momento que necessitam de esclarecimento. Parabéns para aqueles que já se perguntaram sobre a sua sexualidade, obtiveram uma resposta e estão tranqüilos com ela. Coragem e força para aqueles que fogem de se questionar. Vale a pena descobrir seu desejo natural e ser realmente feliz.

Gosto muito de um amigo meu, tenho vontade de dar um abraço carinhoso nele. Será que isso é coisa de veado?
(Mauro, 15 anos)

Todos nós temos uma capacidade afetiva, é inerente do ser humano ter vontade de dar e receber afeto. Quando gostamos de alguém, sentimos a necessidade de estar próximos e demonstrar esse carinho. Essas demonstrações só favorecem a você a praticar para outros vínculos que com certeza terá na vida. Infelizmente, em nossa cultura dois homens que se gostam são quase que proibidos de demonstrar afeto, por puro preconceito. Mas a emoção tem que sair e sai, geralmente na forma de leves agressões físicas ou de palavrões ditos num tom de brincadeira, o que é muito estranho porque vai sendo registrado na nossa vida que afeto e carinho só podem ser demonstrados junto com agressão.

É comum homens que sentem vontade de demonstrar afeto um pelo outro acharem que são homossexuais. Só a vontade de abraçar o seu amigo não faz de você um homossexual. Para ser homossexual, você teria também que sentir um desejo erótico, que é uma atração física recheada de anseio por intimidade sexual com a outra pessoa. Veja as mulheres, elas demonstram carinho, afeto, trocam toques físicos afetuosos e isso não as transforma em homossexuais.

Sou virgem. Não consigo pensar muito em sexo, não tenho vontade. Será que sou homossexual?
(Maria, 21 anos)

Pode ser que sim, pode ser que não. Por algum motivo você deve ter eliminado de sua vida a questão erótica e sexual. Não ter uma prática sexual não é problema, desde que seja por opção e não por uma sensação de incapacidade. Agora, é importante que você localize dentro de você para onde vai o seu desejo. Essa inibição em relação ao seu prazer afetivo-sexual pode lhe causar outras dificuldades na vida, como por exemplo se sentir muito diferente de seus amigos, e, conseqüentemente, ir se isolando das pessoas à sua volta. Olhe para você e veja com quem você gostaria de namorar, com quem você gostaria de ter mais intimidade e trocar mais experiências, isso talvez seja o começo de uma descoberta que lhe faça muito bem.

Transo e gosto de mulheres mas, às vezes, saio com um travesti ou um gay bem afeminado, acho mais fácil. Isso é errado?
(Ricardo, 19 anos)

Errado não é, você é livre para fazer sexo com quem quiser, desde que seja consentido pela outra pessoa. Acho importante você perceber por que acha mais fácil sair com gays afeminados ou travestis. Se você deseja mulheres mas tem dificuldades em relação a elas, é importante resolvê-las. Muitas pessoas fazem sexo com quem não se vinculariam emocionalmente. Pode ser simplesmente por gosto, e talvez isso não lhe cause nenhuma outra conseqüência, pode ser por dificuldade de envolvimento. Observe-se.

Não consigo ter ereção com as mulheres. Tenho vontade, mas não fico de pau duro. Será que sou gay?
(Augusto, 18 anos)

Muitas pessoas têm essa dúvida e fazem essa associação. Estão enganadas. Ser gay não é ter vontade de estar com uma mulher e não conseguir, para ser gay você tem que sentir um desejo afetivo-sexual por homens. O que não é seu caso. Você deve estar com perda de ereção, mas não se assuste, isso é comum, apesar de muita gente não ter coragem de enfrentar. Existe solução para o seu problema, que pode ter alguma origem física. É importante que você consulte um médico urologista, para eliminar ou confirmar essa hipótese. Se não existir nada físico, pode ser psicológico. Os motivos mais comuns são: uma inibição em relação à sua performance sexual, ou uma expectativa muito grande para com seu desempenho. Pode ser também culpa por estar fazendo sexo com alguém. Muitas famílias passam a idéia de que fazer sexo é fazer mal ao outro. Consulte seu interior, e se não conseguir achar uma resposta, procure um psicólogo para ajudá-lo a resolver isso.

Não gosto de ser penetrada pelo meu namorado. Será que sou homossexual?
(Lia, 17 anos)

O fato de não gostar de ser penetrada não tem associação nem com hetero nem com homossexualidade. Para ser homossexual, você teria que sentir desejos eróticos, afetivos e sexuais em relação a uma outra mulher. Além disso, as lésbicas gostam de penetração. A sua falta de desejo de penetração pode ser por algum problema no seu canal vaginal, você deveria ir a um ginecologista verificar se é isso. Existem muitas mulheres que, por um problema estrutural, sentem um incômodo muito grande na hora da penetração. Eliminada essa hipótese, você tem muitas outras alternativas em que pensar: será que o tamanho do pênis do seu namorado a incomoda? Você se sente à vontade com ele? Transar está resolvido dentro de você? Você não tem medo de engravidar ou pegar uma doença qualquer? Muitas vezes, as pessoas transam e se sentem culpadas, invadidas, o que é sinal de que é melhor olhar para dentro e ver o que esse ato representa na sua mente. Fazer sexo é bom para quem está com desejo e livre para sentir prazer, sem culpas e com responsabilidade.

Não tenho a menor vontade de casar, será que sou homossexual?
(Débora, 17 anos)

Acredito que você esteja confundido papéis sociais com homossexualidade. Ser homossexual significa ter desejos afetivos e sexuais por alguém do mesmo sexo. Homossexuais, tanto homens quanto mulheres, também têm o desejo de se casarem. O que acontece é que a sociedade ainda exige da mulher que ela se case com um homem, tenha filhos e cuide do marido, e, se sobrar um tempinho, só então faça o que tem vontade. É dito para a mulher que, se ela não cumprir com isso, não se realizará. Mas isso é um engano. Mulheres se realizam casando quando têm essa vontade. Outras se realizam de outras formas. Se você descobriu o que deseja, vá em frente, com certeza você será uma mulher realizada.

Ana, 22 anos, de São Paulo

Tenho 22 anos e sou lésbica. Demorei bastante para decidir isso, não foi fácil. Quando eu tinha 15 anos, o único papo das minhas amigas era sobre meninos. Eu achava aquilo um tédio. Os meninos da minha classe não me interessavam a mínima. Eu gostava dos homens mais velhos que tinham alguma coisa para dizer. Conheci um surfista numa praia em Florianópolis que era lindo, tinha 21 anos e já tinha viajado pelas praias do Nordeste inteiro. Adorei saber de Canoa Quebrada, morri de vontade de ir para lá com ele. Passeando pela praia onde eu estava acampando com meus primos, ele me beijou e me agarrou um monte. Achei legal pegar no pau duro dele, mas não senti a menor vontade de transar. Numa noite, cheguei a chupar o pau dele até ele gozar, depois fiquei com vergonha de cuspir na frente dele. Até agora não fiquei doente, por isso acho que não peguei Aids de engolir o sêmen. Não gostei de ficar quase engasgada.

Na escola eu fazia a linha insociável. Só vestia preto e me dizia desinteressada por gente. Ficava super deprimida nas festas porque todo mundo ia lá para arrumar namoro, e eu não tinha vontade de ficar com ninguém, só conversar. Queria falar de injustiças sociais, de mudar o mundo, de viajar. Não queria namorar nenhum daqueles meninos.

Eu era completamente tonta, porque ao mesmo tempo adorava minha professora de história. No primeiro dia da quinta série, ela se enfureceu com a nossa classe e tirou o sapato para bater como um martelo na mesa. Fiquei parada naquela italiana descabelada e furiosa, eu nunca tinha visto nada parecido. Ela dava aula assim, sempre com os sentimentos à flor da pele. Era um contraste tão grande com os meus pais reservadões e caretas, que foi amor à primeira vista. Eu me virava do avesso para fazer os melhores trabalhos da classe e passava "casualmente" em frente das outras salas onde eu sabia que ela estava acabando de dar aula, só para dizer oi. Passei anos olhando para ela como se fosse a mulher mais fantástica do mundo.

Aos 18, fiquei super amiga de uma colega. Passava toda tarde com ela, estudando e batendo papo. Os pais dela eram muito menos severos do que os meus e deixavam a gente em paz no quarto dela, ouvindo música. Eu não sabia porque, mas queria muito que ela me abraçasse. Minha mãe chegou a me acusar de lésbica porque eu passava todo o meu tempo com ela, mas eu achava que queria carinho de mãe, que ela não dava. Não sentia vontade de sexo, só de afeto.

Quando acabei o segundo grau, descolei com uma amiga o endereço de uma agência de au pairs em Londres. Mandei uma ficha minha e acabei arrumando uma família para me receber e dar uma mesada em troca de eu cuidar da filhinha deles. Fiz uma revolução na minha família, fazendo até o meu avô pressionar meu pai. Por fim, ele acabou me comprando uma passagem para a Inglaterra, e eu deixei o Brasil para trás.

No avião eu estava muito nervosa, com medo de o meu inglês não dar para o gasto. Mas resolvi que iria fazer sexo com um homem e uma mulher, e depois resolver do que eu gostava mais.

Fiquei dois anos fora, e me aconteceu tanta coisa que nem dá para contar. Mas cumpri o que tinha resolvido. Logo nos primeiros meses, a família para quem eu estava trabalhando foi passar férias na Itália, onde os homens são completamente malucos e não deixam as mulheres em paz. Arrumei um moreno bonito que me levou para tomar sorvete. Na machina (carro) dele, em uma estrada linda de onde dava para ver as luzes de Capri, tirou a minha roupa, passou bastante a mão em mim, e me penetrou. Doeu, me deu vontade de chorar. Ele foi gentil, disse que era assim na primeira vez, mas eu não quis mais me encontrar com ele. Não gostei. No dia seguinte, amanheci sangrando um pouco.

De volta à Inglaterra, comecei a fazer um curso de inglês muito divertido, com uma classe de gente do mundo inteiro. Depois da aula, a gente saía com o professor para encher a cara num pub, onde eu aprendi a falar de verdade. Cada um contava de seu país, e para mim os mais estranhos eram os escandinavos, porque eles são uma mistura de gente européia fria e ao mesmo tempo super livre. Tinha uma menina finlandesa que já tinha ido sozinha à Austrália!

Inspirei-me para me aventurar também. Um dia abri as listas amarelas e procurei a palavra gay. Achei gay switchboard, central telefônica gay. Liguei e perguntei onde eu podia encontrar gente. Deram o endereço de um bar onde iria acontecer uma festa para gays e lésbicas. Fui toda trêmula, morrendo de medo. Lá, uma mulher me recebeu bem, e me apresentou para algumas pessoas. Fiquei sem jeito, não sabia do que falar, o lugar era meio escuro e tinha mais homens que mulheres dançando. De repente, eu vi uma cena que me abalou: duas mulheres loiras, de cabelo curto, magras e bem bonitas, se abraçaram e deram o maior beijo na boca. Perdi a respiração, fiquei com a barriga gelada. Achei liiiiindo! Ninguém ali nem ligou. Mas eu não consegui dormir direito aquela noite, lembrando das duas. Decidi no ato que eu era no mínimo bissexual.

Fui até uma livraria gay e comprei um monte de livros sobre lesbianismo. Aprendi que isso é uma coisa natural, que sempre aconteceu ao longo da história, que grandes escritoras como Virginia Woolf e Gertrude Stein foram lésbicas. Foi ótimo estar na Europa, longe dos meus pais, porque pude ir lendo e pensando sem minha mãe fuçar nas minhas coisas e ler meu diário. A família de ingleses com quem eu morava respeitava a minha privacidade como se eu fosse adulta.

Aí eu comecei a passear mais com uma das minhas colegas do curso, uma dinamarquesa de 1,80m. Ela não era bonita, mas era uma leonina maluca. Só vestia roxo e laranja, ria alto, bebia mais uísque do que eu e beijava quem ela gostava na boca, meninos e meninas. Dava festas e mais festas no dormitório onde ela morava, e nessas eu gostava de ir. Todos tinham muita conversa interessante, e ninguém parecia estar ali só para arrumar namoro.

Um dia o grupo resolveu fazer uma viagem, mas as pessoas foram desistindo e acabamos indo só eu e ela. Fomos até

Amsterdã, uma cidade linda e muito liberada. No albergue, o porteiro batia de manhã na porta dos quartos e perguntava quem queria deixar a erva no cofre, para não ter perigo de a polícia pegar. Ficamos no mesmo quarto e dividimos a única cama, de casal. Na segunda noite, eu simplesmente não consegui dormir. Queria agarrá-la, mas não tinha coragem. Quase de manhã, meio grogue de cansaço, cheguei bem perto dela e disse que estava apaixonada. Ela riu e me abraçou, e demos um beijo que esquentou o quarto gelado.

Eu estava nervosa e não sabia muito bem o que fazer, mas foi ótimo. Ela deixou eu tomar a iniciativa e fui explorando como tinha vontade, bem devagar. Fiquei super excitada e senti que não queria estar em nenhum outro lugar do mundo. De manhã, eu parecia outra pessoa, completamente feliz. Resolvemos encompridar a viagem e fomos para a casa dela na Dinamarca, e depois cruzamos de carona a Escócia e a Irlanda. Foi o mês mais maravilhoso da minha vida. De dia a gente passeava um monte, ia visitar lugares que eram até difíceis de achar no mapa. De noite a gente fazia amor, com muito carinho.

Só foi ruim quando a gente teve de se separar, ela para ir estudar medicina numa cidadeca da Dinamarca, eu para voltar ao Brasil. Chorei muito, quase de lá até aqui, e a gente se escreve demais. Nesses dois anos depois que voltei, ainda experimentei namorar um colega meu de faculdade, um carinha muito delicado e inteligente. Fomos para a cama, mas eu não via a hora de terminar. Gosto muito dele, mas só para amizade. Depois tive um caso com uma menina, foi uma coisa de uns meses só porque ela não conseguia aceitar que era lésbica, ficava com medo. Acabamos terminando, mas me deu uma certeza enorme de que gosto de mulheres. Agora só quero encontrar uma mulher com quem eu case e passe o resto da vida.

Minha namorada passou a mão na minha bunda e no meu cuzinho. Me deu um baita prazer. Será que isso é sinal de que posso ser veado?
(Gabriel, 17 anos)

Existe o mito de que só os gays sentem prazer nessa região. Todos nós sentimos prazer no corpo todo, cada parte de nosso corpo, quando bem estimulada, pode aumentar o nosso prazer. O contato físico já é um estímulo por si só de prazer. A pele das áreas que não ficam tão expostas são mais sensíveis, assim como as regiões onde há uma maior irrigação sangüínea, por isso dão mais prazer, é uma questão física. Existem pessoas que bloqueiam mentalmente essas sensações por preconceito e medo de homossexualidade. Talvez para você seja novidade, mas saiba que existem muitos homossexuais que não sentem nada quando estimulados nessa região. Isso varia de pessoa para pessoa e da capacidade que ela tem de se soltar ao prazer. Ser homossexual não está vinculado a uma região do corpo em que se sente prazer, mas com quem se quer ter esse prazer.

Tenho um namorado há dois anos, nós nos amamos muito. Não fui a primeira mulher dele, ele já tinha feito sexo com duas ex-namoradas, mas a gente é fiel. Fui fazer exames de rotina na ginecologista e fiz o de Aids por curiosidade. Só que deu positivo. Fiquei desesperada, achei que ia morrer no dia seguinte. Ele também está com o vírus hiv. Estou bem, mas eu nunca pensei que podia pegar Aids de um namorado. Ele jurou que nunca transou com homens, é possível?
(Ivani, 18 anos)

Tanto é possível que, infelizmente, vocês estão contaminados. Ele também deve estar mal, porque acreditou no mesmo que você. A mídia foi muito cruel ao dizer que Aids era uma doença de gays, não existe vírus que tenha cérebro e pense: você é gay? Então vou entrar em você. Você é heterossexual? Então vou embora. Parece meio infantil, mas é assim que muita gente ainda pensa. As primeiras pessoas a apresentarem a doença eram homossexuais que faziam sexo indiscriminadamente. Então todo mundo ficou querendo acreditar que Aids era doença de gays promíscuos.

A nossa cultura vende a imagem de que o amor pode tudo. Tem muito namorado que fala para a namorada que prova de amor é transar sem camisinha. E, infelizmente, muitas acreditam e correm o risco de se contaminar. Prova de amor é fazer sexo seguro, porque quando amamos alguém queremos o melhor para ele, e não só para nós. Seu namorado pode e deve estar falando a verdade, não teria por que mentir. Ele pode perfeitamente ter se contaminado com uma ex-namorada dele. Investiguem se tiverem vontade, mas acreditar nele também fará muito bem para a relação de vocês.

Gosto de ficar vendo o pinto dos meus amigos. Fico comparando com o meu, principalmente porque o meu é maior. Isso é ser veado?
(João, 15 anos)

Não necessariamente, a maioria de nós tem muita curiosidade a respeito do nosso corpo e do corpo do outro, ficar se comparando faz parte do nosso desenvolvimento físico. Você deve ficar é fazendo inveja para seus amigos. Agora, se sua vontade é de fazer outras coisas com o pinto deles, isso pode significar uma tendência à homossexualidade.

Meu amigo vivia falando que eu tinha uma bunda bonita. Um dia ele dormiu em casa. Acordei de noite e ele estava em cima de mim. Fiquei quieto, fingindo que estava dormindo. Me deu o maior tesão e gozei também. Isso se repetiu várias vezes. Um dia eu pedi que ele deitasse em cima de mim e ele me chamou de veado. Nunca mais me procurou para isso. Será que sou gay e ele não? Veado é quem dá e não quem come?
(Flávio, 18 anos)

Parece que seu amigo tem uma dificuldade grande de assumir o desejo dele. Existe a crença de que só é gay quem dá, mas é um engano. É gay quem sente desejo em relação a outro homem, não importando se dá ou come. O seu amigo deve ter se assustado quando percebeu que você também tinha vontades e que percebia o prazer dele. Isso deve tê-lo assustado muito. Nem todo mundo reage da mesma forma que você. Você teve coragem de assumir o seu desejo, o que é muito bom para você. Talvez ele demore mais um tempo para assumir o tesão que sentiu, ou iniba esse desejo levando uma vida com medo de suas possibilidades em relação à sua sexualidade.

Minha mãe é lésbica. Será que eu também vou ser?
(Luísa, 15 anos)

Não necessariamente. Você já se perguntou se a sua avó também era lésbica? Hoje em dia as pesquisas estão descobrindo que existe um fator hereditário na homossexualidade, mas não se sabe ainda a extensão disso. E mesmo que seja verdade, isso não significa que você obrigatoriamente terá a mesma orientação que a sua mãe. Acredita-se que a herança genética propicie uma predisposição e não uma garantia. É necessário levar em conta outros fatores, como os psicológicos e os sociais. Mais importante é você perceber que sua mãe é uma pessoa de coragem e que batalha pelas verdades. Aprenda isso com ela, com certeza você será uma pessoa também muito legal, independentemente da orientação que tenha. Não fique com medo de ser isso ou aquilo, o importante é ser verdadeira e honesta consigo mesma, como sua mãe está sendo com ela e com você.

Gosto de fazer sexo com homens mas, quando penso em namorar, penso em uma menina. Será que sou gay?
(Diogo, 17 anos)

Você tem uma atitude sexual homossexual e uma atitude afetiva heterossexual. Duas coisas podem estar acontecendo. A primeira delas é que fazer sexo com outro homem pode não fazer você sentir-se homossexual, só quando deseja também emocionalmente esse homem é que viria o sentimento de ser gay. Você pode estar negando isso.

Outra hipótese é que pode ser difícil para você entrar em contato com o corpo de uma mulher, por receio de seu desempenho, pelo desconhecido, por uma sensação que não vai conseguir satisfazê-la, ou talvez porque você tenha tido uma educação rígida a respeito de como o homem deve respeitar uma mulher. Pense nessas hipóteses.

Tenho um amigo que é meio veadinho. Se for amigo dele, eu vou ser também?
(Piero, 15 anos)

Não sei se você está falando de um jeito mais afeminado de seu amigo ou se está falando que ele gosta de homens para ter relacionamentos mais íntimos. Se ele gosta de homens para relacionamentos íntimos, você só será igual se também tiver o mesmo desejo. Quanto ao jeito meio veadinho, que chamo de afeminado, você só terá se imitá-lo, assim como a gente imita o jeito de nossos dos pais, de um ídolo, de um personagem de televisão etc.

Já transei com meu namorado, mas tenho vontade de beijar minha amiga. Será que sou sapatão?
(Simone, 16 anos)

Não necessariamente. Dar um beijo, sentir um carinho especial não é a mesma coisa que ser homossexual. Você pode só estar tendo formas mais "livres" que as outras pessoas para manifestar o seu afeto. O que poderia determinar se o seu desejo é homossexual seria se essa demonstração viesse recheada de conteúdos eróticos.

Gosto de filmes de amor, gosto de me arrumar legal, sou romântico, não gosto de violência. Sou homossexual por isso?
(Henrique, 17 anos)

Associa-se homossexual ao papel de homem sensível. Muitos gays até são sensíveis mesmo, mas existe uma grande parte que não é romântica e nem vaidosa. Para ser homossexual, você teria que ter desejos afetivos e sexuais por outro homem. O que deve ocorrer é você mesmo ou outras pessoas cobrarem de você um comportamento típico do "macho", que é o insensível, o bruto, o nada romântico. Continue gostando e sendo do seu jeito, não importando se você é ou não homossexual. Com certeza você encontrará pessoas parecidas com você e que vão gostar de seu jeito.

Acho os meninos insuportáveis, só querem ir pegando e apertando. Quando minhas amigas fazem isso, eu não ligo. Sou homossexual?
(Márcia, 15 anos)

Em primeiro lugar, parece que o seu problema não é com apertos, mas sim com quem aperta você. Acredito que algo deve estar acontecendo em relação aos meninos dentro de você. Acho importante você olhar e ver o motivo de tamanha rejeição e da dificuldade em lidar com eles. Ser homossexual não significa rejeitar o sexo oposto, mas não ter desejo por ele. Reflita sobre isso. Se não conseguir esclarecer sozinha, procure ajuda de um profissional.

Minha melhor amiga disse que me amava e agora quer transar comigo. Gosto dela e até tenho curiosidade, mas tenho medo de virar lésbica se experimentar.
(Gabriela, 16 anos)

Ninguém vira nada, o que pode acontecer é você desvendar esse sentimento dentro de você, se ele realmente existir. Também pode ser apenas uma curiosidade, e você simplesmente "desencanar" depois de experimentar. Mas tem outra coisa importante acontecendo: a sua amiga está amando você. Cuidado para não entrar com curiosidade e ela pensar que você está correspondendo a esse amor. O seu sentimento pode ser só de amizade. É muito importante termos honestidade emocional com a gente e com o outro.

Mulher que gosta de jogar futebol é lésbica?
(Malu, 14 anos)

Não, o fato de uma mulher gostar de um esporte que até há pouco era praticado só por homens não a torna uma lésbica e sim uma mulher que gosta de jogar futebol. A homossexualidade feminina não está vinculada a comportamentos tido como típicos masculinos, ela está no desejo afetivo-sexual em relação a uma outra mulher.

Minha mãe se separou do meu pai e agora passa o tempo todo com uma amiga, elas dormem juntas na mesma cama. Minha mãe virou sapatão?
(Daise, 14 anos)

Virar ela não virou, quando muito sempre foi. Mas podemos levantar duas possibilidades: a primeira é que, se for verdade a sua hipótese, ela está tendo um comportamento favorável para que você pergunte. Ela não parece estar escondendo nada, só não declarou verbalmente isso a você. Pode estar esperando que você queira saber a resposta. A segunda é que a sua mãe acabou de se separar de seu pai, e talvez esteja precisando de uma amiga para desabafar. Olhe para estas duas opções e vá em frente. Converse com ela. É muito importante que vocês se aproximem, principalmente agora que seus pais se separaram.

Deteto usar saia, fivela e maquiagem. Não quero baile de debutante, acho um horror. Eu não sou mulher?
(Vânia,15 anos)

É difícil ter desejos diferentes daqueles que a sociedade determina como certos ou errados, masculinos ou femininos. É um direito seu não gostar de certas peças ou adornos típicos femininos. Ainda se diz às meninas que ser mulher é ser delicada, meiga, doce, que ser mulher é ter uma família, marido e filhos, cuidar da casa e talvez, se sobrar um tempinho, ter um trabalho, mas que não atrapalhe seus deveres de esposa e mãe.

Pode ser que seu desejo seja o de ser esposa e mãe, não tem problema nenhum se realmente o for. Mas ser mulher não é corresponder a expectativas de papéis esperados. Ser mulher é simplesmente ser. É fazer da sua vida o que você tem vontade e ser quem você quer ser. Ser mulher é conseguir o que seu desejo lhe pede. Você já está sendo.

Tenho um monte de amigos gays que ficam querendo arrumar uma namorada para mim, mas eu queria era transar com um deles. Eu sou uma lésbica enrustida?
(Patrícia, 17 anos)

Ótimo você ter amigos gays, isso demonstra que você é uma mulher de conceitos e não de preconceitos. Eles devem gostar muito de você e fazer brincadeiras com relação ao seu desejo. Vejo que isso não é problema para você, porque na verdade gosta de homens, só que de homens que não pode ter. Isso sim é importante e merece ser visto. Alguma coisa a deve estar impedindo de ter sucesso num relacionamento amoroso. Pode ser que essa vontade de estar com um gay esteja vinculada ao modo como ele lhe demostra carinho, afeto. Talvez você esteja procurando um namorado assim como seu amigo, que respeite o seu movimento em relação ao sexo. É raro encontrar homens héteros assim, mas não é impossível. Existem aqueles que não têm medo de ser afetuosos e de demonstrar seus sentimentos. Procure, você deve ser especial, com certeza encontrará alguém.

Meu namorado fica insistindo para transarmos, gosto muito dele mas não me sinto à vontade para isso. Ele diz que eu devo ser lésbica e que não o amo. Será que lá no fundo eu não sou mesmo?
(Beth, 15 anos)

Você não querer transar com ele é uma opção sua, a relação sexual deve ser praticada com quem temos vontade e quando estamos prontos para isso. Sexo não é prova de amor, é prova de tesão, e não é sempre que queremos vivê-lo. Seu namorado está fazendo chantagem com você, parece que ele quer confundi-la para alcançar o objetivo dele. Pense que talvez o seu problema seja o namorado e não o que ele te diz.

Às vezes fantasio uma cena em que duas pessoas do mesmo sexo transam, me dá o maior prazer, mas não quero viver isso. Será que sou homossexual?

(Marina, 18 anos)

Não necessariamente. Em fantasia tudo é possível e acontece do jeito que imaginamos. Já na realidade as coisas são diferentes, existe o desejo do outro e fatores externos que não controlamos. Não querer viver essa fantasia pode ser sinal de que você tem consciência do que quer na realidade. Outra alternativa é de que você esteja negando agir conforme seu desejo. Reflita, seja sincera com você mesma e terá uma resposta.

"Adoraria poder sair de mãos dadas."

5
Sou homossexual, e agora?

Fazer essa constatação é sem dúvida uma das maiores dores psicológicas que um adolescente ou adulto podem ter. Não é fácil admitir um desejo tão perseguido, tão desrespeitado pela sociedade e perceber que sua vida será uma batalha em relação a preconceitos e direitos. Muitas tentativas de negar essa verdade são feitas, muitas dúvidas sobre si são levantadas. Num primeiro momento só se enxergam perdas e dores. Mas o prazer do desejo é forte e é aí que o conflito se instala. Uns conseguem admitir essa verdade, outros tentam, às vezes pelo resto da vida, negar o que se apresenta. Nesta hora comprova-se que, se a orientação sexual fosse uma opção, a grande maioria não escolheria a homossexualidade.

Admitir para si que se é homossexual é o primeiro passo. Mas como ficam a família, os pais, os amigos, em quem se pode confiar? A auto-estima fica abalada. O sentimento é de fragilidade perante tudo. A necessidade de ser amado e aceito é grande, assim como a sensação de incompreensão externa e interna. Fica registrado que o amor, o desejo erótico são proibidos e que haverá punição ao vivê-los. Tenta-se disfarçar o que se sente dos parentes e dos amigos, porque de si mesmo já não é possível. Contudo, isso aumenta a solidão e o desejo de encontrar alguém para amar. Continua sendo complicado, porque é difícil amar em silêncio. O que acontece nesse momento é muitos terem relações sexuais que na verdade não têm grande significado em termos afetivos, para completarem-se pelo menos no plano sexual. O amor costuma ser sentido por alguém que dificilmente se terá. Alguns adolescentes conseguem iniciar uma relação completa, com realização de afeto e de sexo, mas isso é raro pela necessidade que sentem de ter que escondê-la de todos.

A adolescência para os heterossexuais é uma fase de treino de ligações afetivas e sexuais, incentivada calorosamente pela família, pelos amigos e pela mídia. Para os adolescentes homossexuais resta o oposto disso tudo, a proibição, a culpa, a negação e a fuga de seus atos e sentimentos. Fazem um constante malabarismo entre a vontade de viver e o medo de rejeição. A esperança de viver seu natural desejo fica vinculada à autonomia financeira ou à maioridade. Existem adolescentes que se sentem tão rejeitados e pressionados por seus pais que se afastam, criando um mundo particular e impenetrável. Outros pensam e alguns tentam o suicídio.

Apesar de todas as dificuldades, há um grande número de pessoas que conseguem ter força e coragem. Contam para a família a sua verdade e sentem alívio imediato, não importando a reação que essa venha a ter. Deixam de precisar mentir e omitir fatos, tudo fica claro e desordenado num primeiro momento mas transparente. A sensação é de calmaria interna depois de muito tempo de tempestade. Nascem, então, os primeiros indícios de uma real possibilidade de se sentir amado por quem se é, pelas atitudes que se tomam e não simplesmente pela orientação sexual que se tenha.

Além de ser uma fase propícia para o desenvolvimento afetivo-sexual, a adolescência é também uma época em que se formam conceitos e opiniões próprias. Afirma-se enquanto indivíduo. Percebe-se único, mas pertencente a um grupo e uma sociedade. Dizer suas verdades, desvendar seus reais desejos, ir em direção do que se quer faz parte de um crescimento que será constante na vida.

Todos podem ser felizes, a forma de conduzir a vida é que propiciará esse encontro com a felicidade.

> **Quando eu tinha 12 anos meu tio, de 30 anos, me mostrava o pinto dele. No começo achei meio estranho, mas depois me senti atraído. A gente se chupava. Parei de fazer isso com 16 anos. Estou com 19 e tenho vontade de fazer sexo com outros homens. É errado? Hoje meu tio cobra que eu arrume uma namorada, mas eu não tenho vontade.**
>
> (Flávio, 19 anos)

Existem algumas coisas importantes para se comentar nessa história. Primeiro, jogos eróticos entre meninos de uma idade próxima não acarretam conseqüências na construção da identidade sexual, mas jogos eróticos com alguém mais velho podem causar problemas futuros. Quando você iniciou essa prática de sexo, era ainda uma criança, inclusive para a lei. Seu tio não foi nada legal, abusou sexualmente de você e pela lei o que ele fez seria enquadrado em "corrupção de menores". Infelizmente, você não está sozinho. Algumas pesquisas informais apontam que 60% das crianças (meninos e meninas) são molestados sexualmente. Desse total, 10% dos meninos e 20% das meninas são mais do que molestados, chegando a ser abusados ou estuprados, geralmente por algum familiar ou pessoa muito próxima da família.

Essa história pode ter dado prazer a você, mas a diferença de idade deu um poder muito grande ao seu tio, não existiu igualdade na relação. A manipulação, sentimentos de inferioridade, necessidade de poder e controle podem ter sido os motivos que levaram seu tio a cometer esses atos. Sendo mais velho, ele deveria ter tido consciência que aquilo poderia acarretar problemas para você e para ele.

Seu tio deve ter um grande sentimento de culpa se fica hoje cobrando uma namorada de você. Ele deve ter receio de que os jogos eróticos tenham levado você para a homossexualidade. Pode ter acontecido que esse jogos tenham despertado sua orientação mais cedo do que seria natural. Se hoje você tem vontade de viver histórias parecidas com outras pessoas, tome cuidado para não repetir o que seu tio fez com você. Procure pessoas que tenham consciência de seu desejo e que já estejam despertas para essa vontade.

Mas antes olhe para dentro de você e veja se a sua vontade existe por si mesma ou se é fruto da sensação de que não conseguiria, em função de seu passado, ter desejo por uma mulher. Tente perceber se você tem liberdade de gostar de alguém de igual para igual. Acredito que seria muito bom se você pudesse procurar ajuda de alguém mais experiente para poder conversar. Procure um profissional, um psicólogo, um sexólogo para orientá-lo mais de perto a descobrir o seu caminho, eliminando as marcas que essa relação com seu tio pode ter deixado.

Invista na sua felicidade. Acredite que você é dono dela.

> **Sempre me masturbo pensando
> que estou beijando um amigo meu,
> que amo muito. Será que gosto dele?**
> (Rodrigo, 16 anos)

Com certeza você gosta de seu amigo. Além de sentir amor por ele, essa situação o estimula e provoca em você prazer erótico.

> **Gostaria de experimentar namorar com uma
> mulher mas não sei onde encontrar quem esteja a fim.
> Não quero ficar tentando seduzir minhas colegas,
> que só pensam em meninos.**
> (Ana Maria, 18 anos)

É muito bom que você já saiba o que quer, é o primeiro passo para conseguir encontrar alguém. Existem bares e boates em que a maioria dos freqüentadores são homossexuais, pode ser uma experiência interessante para você conhecer algum. Mas lembre-se que muita gente à sua volta é homossexual, só que ainda sem reconhecer, talvez disfarçando. É muito provável que nem todas as suas colegas estejam tão interessadas assim em meninos. Fique aberta e alguém vai aparecer.

Nunca tive transa com nenhum homem mas tenho vontade e sinto que sou gay. Gostaria de namorar um cara. Isso é possível?
(Paulo, 16 anos)

Claro que sim, você já deve ter claro o seu desejo. Compare-se com seus amigos, não são vários que querem uma menina sem nunca terem transado com nenhuma? É a mesma coisa. Você sabe que deseja um homem, tem vontade de namorar com um, mesmo sem nunca ter tido uma experiência. Procure alguém legal e viva a sua verdade. Boa sorte.

Gosto dos meninos. Sinto atração por eles mas nunca transei com nenhum. Tem um cara lá na escola que vive me xingando porque acha que sou gay. Outro dia vi esse cara chupando o pau de um outro no banheiro da escola. Não entendi nada. Por que ele me xinga tanto se ele até transa com homens e eu não?
(Joaquim, 17 anos)

Porque, para ele, assumir o desejo sexual deve ser muito complicado. Você deve lembrá-lo de algo de que ele está tentando fugir. Ele xinga você como se estivesse olhando para o espelho, você é a imagem que ele não quer ver. Muitas pessoas que negam o desejo têm atitudes semelhantes às desse rapaz, e quando o desejo transborda elas perdem o controle e vivem desenfreadamente a sua sexualidade. Por exemplo, existem muitos homens casados que falam mal e fazem piadas de gays, tentando negar o seu próprio desejo. Só que vontade é vontade e chega uma hora em que a vivem da forma mais desorientada possível, saindo com rapazes de programa, indo a saunas e outras tantas alternativas. Você está sabendo lidar melhor com a sua sexualidade do que seu colega. Parabéns.

Tiago, 17 anos, do Rio de Janeiro

Moro com meus pais, sou o terceiro de quatro filhos. Desde que eu tinha 13 anos percebi que olhava para os meninos também. Eu saía com as meninas mas ficava pensando nos meninos. Sonhava que estava beijando artistas. Eu fingia, para os meus amigos, que estava medindo tamanho, mas era desculpa para pegar no pinto deles. Fiquei nessa muito tempo, ensaiava beijos com meus amigos e isso me dava o maior tesão.

Namorava com meninas. Transei a primeira vez com uma mulher quando tinha 15 anos, foi legal. Acho gostoso, mas fico muito chato com elas, sou exigente, não perdôo nada. Se ela é meio gordinha, não quero. Se tem o peito muito grande, também não quero. Acho isso uma sacanagem, no fundo sei que é porque não gosto tanto assim, não tenho tanto tesão de ficar com elas.

Com um homem eu transei mesmo foi no ano passado. Antes, só ficava nos amassos. Depois que transei, vi que era disso mesmo que eu mais gostava.

Eu tenho um colega de 19 anos da escola que é gay também, ele me levou a uma boate e eu fiquei maluco, beijei todo mundo. Mas namorar ninguém quer, porque me acham muito menino. Eu não gosto de gente da minha idade. Acho todos muito infantis.

Comecei a trabalhar para poder pagar minhas coisas. Adoro me vestir bem, ir às boates e comprar revistas de homens nus, faço coleção. A primeira revista que comprei me deu até dor de barriga.

Em casa me dou bem com minha mãe e minha irmã, que é mais nova do que eu. Fico angustiado em mentir para todos, principalmente para minha mãe, gosto muito dela. Minha mãe já sofreu muito com os meus irmãos, não queria decepcioná-la, sinto que sou obrigado a mentir. É horrível, mas não sei se tenho coragem de dizer, fico querendo que ela me pergunte, sei que ela desconfia, mas não fala nada. Guardo minhas revistas dentro da gaveta das camisetas, que ela arruma. Ela já deve ter visto mas não fala nada. Eu a amo muito, queria poder desabafar com ela, sinto que qualquer hora vou contar. Meu pai é legal mas é distante de todo mundo, ele trabalha muito. Eu não queria que ele soubesse de nada. Ele me cobra muito uma namorada. Meus irmãos vivem falando mal de veado e isso me incomoda bastante. Dói.

No colégio tem gente que desconfia que sou gay, mas eu fico na minha, não mudo o meu jeito, meu amigo muda. Acho isso feio. A gente tem que ser igual em todo lugar. Eu não me acho afeminado. Não quero ter que ficar me escondendo ou tendo que provar que sou homem. Eu sou homem. Acho as drags um barato, mas não tenho vontade de me vestir de mulher, nem ser mulher.

Eu sou feliz, mas queria viver solto como todo mundo, sinto um vazio e uma solidão muito grande. Acho que vai passar, se um dia eu amar alguém. Até agora eu amei ninguém, mas sei que isso vai acontecer um dia. Tenho muito tempo para isso.

Quero muitas coisas no futuro: ter dinheiro, viver tranqüilo sem ninguém me cobrando nada em relação ao meu lado heterossexual, ser feliz. E vou ser.

Quando eu estava no colégio, um cara me bateu duas vezes porque descobriu que eu era gay. Cheguei a mudar de período na escola para não encontrá-lo. Depois de três anos, encontrei com ele numa boate gay, beijando um cara. Ele me viu e veio pedir desculpas. Ele já era gay? As pessoas que tem muita raiva de veado são no fundo gays também?
(Álvaro, 20 anos)

Sem dúvida ele já era gay. O que talvez tenha ocorrido é que ele ainda não tinha isso claro dentro dele. São diferentes os caminhos de aceitação de cada um. É importante você perdoá-lo e quem sabe, hoje, não poderiam ser bons amigos.

Quanto a raiva de gays, muitos tem essa raiva por medo de serem. Talvez eles façam um monte de confusões a esse respeito, como, por exemplo, se eles forem sensíveis é porque são veados... e outros porque realmente são e não conseguem admitir isso para eles. Quem está tranqüilo com sua sexualidade não tem medo de ser gay. Sabe que não gosta então não corre o risco de se descobrir.

Sou apaixonada por uma amiga minha há dois anos, mas tenho medo de dizer a ela e perdê-la. O que faço?
(Ana, 17 anos)

Primeiro, perceba que você não a tem como gostaria. Depois, reorganize a sua perda. Se você está demorando tanto tempo para contar a ela, é porque talvez saiba que no fundo ela não gostaria de você como namorada e sim só como amiga. Se você ainda tem dúvidas, vá devagar. Pergunte o que ela acha de duas mulheres juntas e pela resposta meça se você pode ter um pouco mais de segurança, caso venha revelar a sua paixão. Sei que paixão não se questiona, mas pense sobre o motivo de você estar ligada a alguém que não consegue ter. Isso pode ser uma forma de você esconder algo que não tem muita coragem de viver. Você pode ter assumido um desejo, mas estar com dificuldade de assumir uma ação.

Nunca fiz troca-troca e namorei uma menina. Transei com ela e foi legal. Até que um dia meu amigo veio para cima de mim e me deu um beijo. Eu resisti, mas confesso que gostei. Depois disso, comecei a olhar para outros caras e sentir vontade de ter algo mais com eles. A culpa é do meu amigo que me beijou?
(Lauro, 17 anos)

Não, a culpa não é de ninguém. O que seu amigo pode ter feito é despertado algo em você que de qualquer jeito um dia despertaria. Ter essa vontade com outras pessoas é conseqüência de uma emoção que vem de dentro de você, não é uma pressão externa. Veja se seu desejo com as meninas mudou, ou se você descobriu uma forma a mais de sentir prazer. Algumas pessoas nascem com a capacidade de gostar de homens e de mulheres igualmente. Converse com você mesmo. Se não conseguir respostas, procure um profissional ou alguém que você ache que tenha uma cabeça aberta e que possa ajudar a clarear mais os seus sentimentos.

Dizem que é normal fazer troca-troca quando criança. Por que quando a gente é maior não pode mais?
(Cláudio, 17 anos)

Porque a criança não tem o erotismo desenvolvido como o adulto. A carga erótica dos atos está vinculada a um processo de amadurecimento biológico chamado puberdade, que é a fase em que os hormônios começam a circular no sangue em maior quantidade, definindo as características secundárias sexuais como barba nos meninos e mamas nas meninas. A pessoa vai ficando pronta para uma resposta sexual adulta, acompanhada de sensações que antes não tinha. Com este amadurecimento, o troca-troca não se caracteriza mais como uma brincadeira infantil e sim como uma relação homossexual, porque já existe uma carga erótica e uma prontidão física para uma resposta sexual plena. Mas ela continua sendo natural, e pode sim ser praticada.

É verdade que o gay só pensa em sexo? Eu não sou assim.
(Maurício, 19 anos)

Não, não é verdade. Existem pessoas que pensam mais em sexo que outras, independentemente de sua orientação sexual. No caso dos gays, o que acontece é que se trata de uma cultura exclusivamente masculina, e homens, tanto hetero como homossexuais, são educados para viver e falar mais de sua sexualidade que as mulheres. Nos casais heterossexuais, as mulheres refreiam um pouco esse impulso, não porque elas não pensem ou não falem de seus desejos, mas porque foram criadas dessa maneira. Nos casais de gays não há essa inibição, e o comportamento masculino fica mais evidente.

Quando meus colegas descobriram que eu era gay, passaram a me xingar. Mas, quando me encontravam sozinho, queriam fazer sexo comigo.
(Leo, 17 anos)

Pode ser que alguns de seus colegas o tenham procurado por curiosidade. Outros por também serem gays mas não conseguirem admiti-lo na frente dos outros. Muitas vezes, as pessoas têm relações sexuais com outras motivadas não pelo desejo erótico, mas sim para compensarem outras frustrações e complexos com os quais não conseguem lidar. É comum verem-se héteros procurando homossexuais para a prática de sexo motivados por uma sensação de incapacidade em relação às mulheres, para punir o gay, para reforçar sua masculinidade. Importante é você perceber qual a real intenção de seus colegas.

Meus pais tentaram fazer com que eu deixasse de ser afeminado me obrigando a fazer um monte de esportes brutos, como judô, caratê, escotismo. Não adiantou nada, continuo gostando de meninos. O que poderia me transformar em heterossexual?
(Flávio, 19 anos)

O esforço que seus pais tiveram talvez tenha sido bom, porque você aprendeu vários esportes e defesa pessoal. Talvez você tenha até perdido um pouco seu jeito afeminado, mas seu desejo continuou intacto.

O que poderia transformá-lo em heterossexual seria um transplante de desejo, mas isso não existe. Muitas vezes as pessoas negam o seu desejo e tentam levar uma vida heterossexual, que infelizmente será sempre de baixa qualidade, porque este não é o natural desses indivíduos.

"*Não adiantou nada, continuo gostando de meninos.*"

O adolescente e a lei

A lei brasileira simplesmente não faz distinção entre adolescentes homo, hetero ou bissexuais. As restrições e direitos valem igualmente para todos.

* adolescente: sob o ponto de vista legal, consideram-se adolescentes as pessoas entre 12 e 18 anos de idade. No Brasil, os adolescentes estão protegidos pelo Estatuto da Criança e do Adolescente – Lei Federal n. 8.069, de 13 jul. 1990.
* maior de idade: designa-se "maior" a pessoa que atingiu a idade necessária para ter plena capacidade para dirigir a sua pessoa e administrar livremente seus bens. A maioridade é adquirida por um fato natural, a idade. Para a prática de todos os atos da vida civil, a maioridade civil ocorre aos 21 anos de idade; e, para responder por atos contrários a lei, ou seja, crimes, a maioridade penal ocorre aos 18 anos de idade. É possível um menor se equiparar a um maior por meio da "emancipação", que pode ocorrer por uma concessão legal (por exemplo, casamento, exercício de emprego público), ou por uma concessão paterna ou materna, mesmo sem que se tenha atingido a maioridade.
* direitos do adolescente: a família, a sociedade e o Estado devem assegurar aos adolescentes os direitos à vida, à saúde, à alimentação, à educação, ao lazer, à profissionalização, à cultura, à dignidade, ao respeito, à liberdade, à convivência familiar e à convivência comunitária. Devem colocá-los a salvo de negligência, de discriminação, de exploração, de violência, de crueldade e da opressão. A lei pune severamente o abuso, a violência e a exploração sexual.
* proibições: a lei proíbe ao adolescente a compra e locação de fitas de vídeo em desacordo com a classificação à sua faixa etária; entrada em casas de jogos; compra de armas, munições e explosivos, bebidas alcoólicas, drogas, fogos, revistas contendo material impróprio ou inadequado e de bilhetes lotéricos. A lei proíbe a hospedagem de adolescentes em hotel, motel ou pensão sem autorização ou acompanha-

mento dos pais ou responsável. Para viajar, com pessoa maior que não seja parente, deve ter autorização judicial.

- exploração sexual: entende-se por exploração sexual o incentivo ou a coação para a dedicação a qualquer atividade sexual ilegal; a exploração na prostituição ou prática sexual ilegal; a exploração em espetáculos e materiais pornográficos.

- atentado violento ao pudor: consiste em constranger, forçar alguém, mediante violência ou grave ameaça, a praticar ou permitir que com ele se pratique ato libidinoso, ou seja, ato que visa ao prazer sexual diverso da conjunção carnal, ou seja, diferente do ato normal. As relações sexuais anais e orais são atos libidinosos. Porém, se a resistência da vítima for meramente passiva ou verbal, desacompanhada de uma resistência física inequívoca, o delito será excluído.

- corrupção de menores: a prática ou o induzimento à prática ou mesmo presenciar um ato sexual com pessoas menores de 18 anos e maiores de 14 anos, independentemente do sexo. Se ocorrer erro a respeito da menoridade da vítima, poderá haver a exclusão do delito.

Meus pais querem netos, sou filha única e lésbica (eles não sabem). Ficam dizendo que toda mulher tem que ter filhos para se realizar. Quero me realizar, mas não sei se quero filhos.

(Carolina, 17 anos)

Até pouco tempo atrás, o papel esperado da mulher era a procriação. Se ela não cumprisse essa função, de pouco servia a sua existência. A mulher praticamente não existia como ser, era o complemento de um homem, tanto que muitas mulheres tinham como objetivo de vida casar, ter filhos e cuidar do marido, em todos os sentidos. Era esperado que o seu papel fosse exclusivamente esse, não importando se seus desejos correspondessem ao esperado.

De uns 25 anos para cá, isso vem mudando. A mulher vem buscando seus espaços e se afirmando como um ser, que não existe simplesmente para complementar o homem, mas com objetivos de vida e desejos próprios.

Realizar-se hoje em dia como mulher é o mesmo que realizar-se como homem, é conhecer seus desejos e vontades, buscar seu desenvolvimento e expandir-se com conhecimentos, intelectual e emocionalmente. Ter filhos é uma realização para quem sonha e deseja tê-los. Se os seus pais sonham com netos ou crianças, esse é um desejo deles e a realização deveria vir deles mesmos.

> **Não me assumo para os outros porque tem gente que é muito agressiva. Estou errado em me defender? Porque eles querem me atacar se eu não fiz nada para ninguém?**
> (Pedro, 19 anos)

Vamos por partes, existem vários motivos para as pessoas serem agressivas com homossexuais. Alguns temem olhar para dentro de si e achar esse mesmo desejo. Outros porque sabem que possuem esse desejo mas o negaram a vida toda, fizeram um esforço enorme para mudar seu caminho, o que não os deixa felizes, e agora querem que todos façam igual. Outros, por ignorância, não sabem que a homossexualidade não pega, não é uma doença, não ameaça a família. Acreditam que no mundo só existe uma verdade, a deles. Essa agressividade é proposital, tendo a intenção de fazer os homossexuais se recolherem, para que eles, os agressores, não tenham de lidar com seus limites.

É necessário se defender, mas não se esconder. Agir como um "fora-da-lei" é doloroso e vai minando a auto-estima. Sair para a agressão é reagir de uma forma que não leva a lugar nenhum. Talvez a melhor forma de não se esconder e de se defender de agressões seja divulgar informações claras sobre a homossexualidade, pois assim as pessoas obtêm subsídios para quebrar preconceitos e formar conceitos. Faça a sua parte com os amigos perto de você, isto pode ajudar, e muito, a eliminar a ignorância das pessoas sobre o assunto.

Tenho quatro irmãos mais novos. Meu pai vive falando que, se descobrir que tem um filho que gosta de homem, mata. Eu gosto, mas morro de medo dele. Não saio de casa, fico com medo que ele descubra. Tem horas que eu gostaria de contar, de fugir de casa, às vezes penso até em me matar e acabar de vez com tudo isso. Tenho medo. O que eu faço?

(Carlos, 16 anos)

Sua situação é realmente muito difícil, se matar ou fugir de casa com certeza não são boas soluções. O que você não pode é ficar guardando essa verdade só para você. Acredito que o ideal seria você buscar a ajuda de um profissional, um psicólogo, por exemplo, em quem você pudesse confiar e desabafar. Você pode também tentar procurar algum grupo entre os listados no final deste livro, para encontrar gente que já passou pelo que você está passando. Você deve estar sofrendo muita pressão, não exagere a sua capacidade de agüentar, temos que ser fortes até um certo ponto, depois precisamos de alguém que nos ajude.

Infelizmente, para muitos pais o valor de um filho está em com quem ele faz sexo. Isso é muito pequeno da parte deles, você precisa aprender a ser diferente. Aproveite a situação e perceba que há outros valores muito importantes que devem ser vistos em uma pessoa, não se julgue menor por ter esse sentimento em relação a outros homens. Você é igual a todos e tem direito de ser feliz como qualquer ser humano. Hoje talvez você não veja uma solução, mas amanhã tudo pode ser diferente. Calma, você chega lá. Acredite nisso!!!

"Finalmente está se amando, por inteiro, alguém do mesmo sexo."

6
Como fico de bem com o mundo?

O desejo está admitido, percebido. Há necessidade de se amar e ser amado, de um grupo onde não exista hostilidade por sua orientação. Automaticamente, o adolescente vai a bares e boates gays. Num primeiro momento, estes lugares dão uma sensação de conforto e alívio, porque finalmente descobre um grupo em que todos são homossexuais. Depois vem um desconforto, porque, em seu imaginário, a maioria destes gays e lésbicas pensaria da mesma forma em relação a tudo. Mas não é bem assim, percebe-se que não existe uma personalidade homossexual, a igualdade na orientação não significa igualdade de idéias, de gostos, de objetivos. Constata-se que homossexuais sentem igual apenas em relação ao seu desejo, mas não às outras áreas da vida.

Com isso, parte-se para encontrar uma relação de amor. Alguém que irá nos amar do jeito que somos. O peso de uma relação amorosa é muito grande em relacionamentos homossexuais, pois representa não só um complemento dos desejos afetivos como uma aceitação da forma de viver homossexual. O primeiro amor que apresenta reais possibilidades de ser experimentado de uma forma integrada, com sexo e afeto, é um momento de dor e prazer. É nesse momento, mais do que antes, que a pessoa sente ser homossexual. Finalmente está amando, por inteiro, alguém do mesmo sexo.

O tamanho dessa dor e desse prazer são proporcionais à resolução e admissão de sua verdade. Muitos, inconscientemente, não se permitem esse encontro e vivem só momentos de paixão rápidas, pois arriscar-se a amar é ter que enfrentar, externa e internamente, o seu desejo. As relações são intensas, geralmente os pares fazem tudo juntos. Os amigos são comuns aos dois, e as programações individuais quase que deixam de existir. A vida é realmente vivida a dois. Começam, socialmente, as cobranças e os comentários, os pares arrumam parentescos inexistentes para justificar a presença do parceiro. Os amigos e a família desconfiam, criticam a proximidade do vínculo. Fazem insinuações mas não se arriscam a questionar diretamente o grau de ligação entre eles. A demonstração de afeto vai sendo vivida em lugares fechados específicos, porque o amor e o carinho entre iguais é sentido pela grande maioria das pessoas como um ato de agressão e violência. Nessa hora questionam-se os valores maiores dos humanos, onde pessoas chocam-se com afeto e não se chocam com as reais agressões que ocorrem o tempo todo.

Os adolescentes vêm quebrando novas barreiras. Há dez anos, uma pessoa homossexual esperava ansiosamente a sua maioridade para poder viver mais transparentemente seu desejo. Hoje adolescentes, já sabendo que não são doentes, que são diferentes simplesmente na sua orientação sexual, estão buscando antes da maioridade o seu direito ao vínculo. Muitos perceberam que têm o direito de ter a mesma adolescência que seus amigos heterossexuais. A transparência está acontecendo. Estes conseguem assumir para amigos e família seu desejo natural, causando espanto, admiração e inveja em gays e lésbicas que não tiveram essa coragem. A grande maioria da sociedade, incluindo família, não está sabendo como lidar com essa transformação. Tentam agir da mesma forma que sempre agiram, reprimindo, disfarçando, mas isso não adianta mais. A luta pelo direito de afeto está tomando um vulto cada dia maior. A mídia já consegue vez ou outra levar de forma madura e verdadeira os conflitos e a vida real dos homossexuais. Os grupos estão aumentando, o projeto pela união civil entre iguais, serve de excelente impulso para se olhar com mais respeito para essa verdade. Os homossexuais, adolescentes e adultos, estão mais visíveis, ao mesmo tempo que estão sendo quebradas as paredes internas, saem dos bares e arriscam as calçadas. As pessoas estão sendo obrigadas a ver o que negavam, a questionar seu espanto com demonstrações de amor, e admitir que existem outras verdades, outros naturais, diferentes desejos.

Namoro uma menina, mas tenho muita vontade de ficar com meninos. Disfarço, mas tem dias em que não agüento, vou ao parque perto de casa e transo com o primeiro que encontro. Será que isso vai passar?
(Silas, 17 anos)

Não costuma passar, não. Admitir o desejo, ao contrário do que se pensa, é a melhor forma para se conseguir lidar com o impulso descontrolado que o impele para a ação. Esse disfarce que você adota está na verdade só aumentando a energia da ação. É muito difícil admitirmos um desejo sexual por pessoas do mesmo sexo, principalmente quando tantos preconceitos estão envolvidos nisso. Já está em tempo de você olhar com muito carinho para seus desejos porque, pelo seu relato, você pode estar se colocando em situações de risco. Você pode estar se expondo a contaminar-se por doenças sexualmente transmissíveis, inclusive Aids, porque, da forma como esses encontros sexuais tem acontecido, é difícil ter tempo para pensar em sexo seguro. Talvez esses encontros dêem uma sensação de alívio imediato, mas logo em seguida aumenta o vazio e a insatisfação. Comece admitindo a sua verdade. Se for muito difícil, procure ajuda de um profissional para lidar com isso mais detalhadamente. Pense e perceba que a vida vale a pena, principalmente quando vivemos de acordo com quem realmente somos.

É pecado um cara fazer sexo com outro? Minha mãe disse que todos os homossexuais vão para o inferno, que isso é coisa do demônio.
(Júnior, 16 anos)

Religião é um negócio complicado porque em geral existem duas coisas diferentes: aquilo que o mestre, profeta, iluminado – no caso do cristianismo, Jesus – disse, e o que seus pastores e seguidores interpretam. Se você olhar com atenção, a maioria dos grandes mestres prega o amor, a compreensão, a honestidade, a justiça. Religião é ligar-se com Deus, e Deus costuma dizer, pela boca de seus escolhidos, que o importante é a honestidade interior, ou, como disse Jesus, a "pureza do coração". Muitos pregadores tomam essas palavras e as interpretam como querem, de acordo com o que eles mesmos acham do mundo. Você precisa então confiar mais na sua própria pureza, acreditar que também é filho de Deus, e deixar que o seu interior o guie para o que é pecado e o que não é. Não acredite em tudo o que dizem por aí. Mais especialmente, não acredite em quem não tem atos mais puros que as palavras. E, se você é cristão, leia o livro *O que a Bíblia realmente diz sobre a homossexualidade*. Você verá que pecadores são os intolerantes, não quem quer amar.

Transo com outros garotos mas não acho que sou gay, porque não sou arrumadinho, acho o papo deles chato e gosto de esportes radicais. Estou errado?
(Renato, 18 anos)

Está. Você é um gay que gosta de esportes radicais, não está a fim de ser arrumadinho e gosta de outro tipo de papos! Tem muita gente que faz essa confusão, mas na verdade não existe uma personalidade homossexual. Você pode continuar gostando de tudo o que gosta e não se identificar com uma série de coisas com que outros gays se identificam. São os seus interesses pessoais. Um campeão olímpico de salto ornamental, Greg Lougani, escreveu uma biografia se assumindo como gay. Aliás, são tantos os gays e lésbicas que gostam de esporte que foram criadas as Olimpíadas Gays, de que só participam, evidentemente, atletas homos. São também muitos os surfistas americanos que competem no Havaí que são gays. Continue gostando do que você gosta, não se preocupe em ser diferente dos gays que você vê. Com certeza você irá encontrar em seu caminho outros gays iguais a você.

Sempre tive atração por homens. Tenho 18 anos e transei pela primeira vez aos 15 com um cara mais velho, mas percebi que os homens só querem sexo. São muito infiéis. Tenho vontade de arrumar um namorado, mas ninguém quer. Será que posso deixar de gostar de homens e começar a gostar de mulheres?

(Renato, 18 anos)

Quando você faz essa pergunta, acredito que você queira saber: será que existem homens com capacidade afetiva? Será que alguém vai querer namorar com você?

Acredito que homens e mulheres são infiéis e fiéis, acho que o importante é você descobrir onde está buscando essas pessoas, como está se mostrando para essas pessoas. Acho que o encontro pode existir tanto entre héteros quanto entre homos. Homens de uma maneira geral são mais sexualizados e infiéis. Tendem a mostrar seu afeto, sua sedução, sua capacidade de poder sempre por intermédio da sexualidade. Entre dois homens a relação tende a ser mais erotizada.

Outro dificuldade de encontro afetivo é que nem todos os homossexuais, principalmente os jovens, têm clareza e segurança para admitir seu desejo. A grande maioria se sente culpada e tende a ter relações esporádicas, sem vínculos afetivos, para fugir de uma verdade interna que ainda não tem coragem de assumir.

Você já sabe como é sentir atração e vontade afetiva e sexual por alguém, pode até ser que você consiga sentir alguma coisa por uma mulher. Mas estaria enganando o seu desejo natural e com certeza correndo o risco de ser infeliz. É importante perceber que a dificuldade de relação não é sua e sim da outra pessoa. Pense se essa vontade de ter uma mulher não está vinculada só ao fato de ser difícil encontrar um parceiro ou é uma insatisfação em relação à qualidade do seu desejo sexual e afetivo. Coragem na sua busca!

Falsifiquei minha identidade para parecer que sou maior de idade, porque senão todas correm de mim com medo de ficar comigo e serem presas. Cometi algum crime?
(Alexandra, 16 anos)

Falsificar total ou parcialmente documento público, ou alterar documento público verdadeiro, é crime, punido com reclusão de dois a seis anos e multa. Se você alterar os dizeres, números, letras, etc. de sua carteira de identidade, inclusive pela troca de fotografia no documento, e fizer uso do documento, você estará praticando crime de falsificação. Se você fizer desaparecer palavras, números, letras ou destruir parte da sua carteira de identidade original, estará cometendo crime de supressão de documento, punido com a mesma pena do crime de falsificação. Tome cuidado.

As pessoas que evitam ter contato sexual com menores de idade também estão corretas em sua cautela. A lei considera corrupção de menores quando maiores de 18 anos têm relações sexuais (hetero ou homossexuais) com menores de 18 anos, não importando o sexo do adolescente. Para facilitar a sua vida, tente encontrar parceiras da sua idade, porque isso não é crime, ou espere até fazer 18 anos.

Contei a um padre que sou homossexual e ele disse que Deus me amaria do mesmo jeito, mas que eu devo passar a vida toda só na vontade, não posso ter ninguém. Eu não agüento isso. Quero mudar e ser heterossexual, mas não estou conseguindo, o que eu posso fazer?
(Lucas, 18 anos)

Se você deseja mudar a sua orientação sexual em função da Igreja mas manter uma vida sexual ativa, creio que não adiantará muito. Porque, pela Igreja católica, até o marido que faz sexo com sua mulher sem que seja para procriação está sendo libidinoso. O ato sexual é julgado como pecado da mesma forma.

Mudar a orientação sexual ninguém muda. O que algumas pessoas fazem é sublimar suas atitudes e desejos em função de algo que acreditam ser mais importante na vida delas. É difícil mas possível, desde que não se negue o desejo, e sim a ação.

É muito ruim ter que viver escondendo dos outros o que sou, tenho a impressão de que sou menos, dói muito viver assim. Por que esse castigo comigo? Por que eu sou diferente de todo mundo? Muitas vezes sou boazinha com os outros para poder me sentir aceita.

(Marcela, 16 anos)

Esse "castigo" não é só seu, mais ou menos 10% das pessoas do mundo inteiro sentem atração pelo mesmo sexo, e outras 30% não são exclusivamente heterossexuais. Muitas pessoas tentam como você fugir disso, algumas entram em relacionamentos heterossexuais mesmo sem desejo e até se casam, complicando a própria vida e a de seus parceiros. Não adianta negar o que você sente. É muito difícil não ter vergonha de você enquanto o mundo faz piada sobre o seu desejo, é difícil sentir-se aceita quando quem está ao seu lado condena e impõe como regra a verdade dele. Mas tudo tem uma saída. O mais importante é você não ter vergonha de você. Você pode ser diferente da maioria, mas é tão normal quanto eles. Procure à sua volta; deve haver pessoas resolvidas, mais esclarecidas, que possam ajudá-la com a sua verdade.

Quanto a ser boazinha, isso é uma escolha sua, mas saiba que as pessoas podem estar aceitando-a por causa disso e não porque você é homossexual. Talvez seja melhor você ser justa com você mesma e com os outros, isso vai doer menos e melhorar a sua auto-estima. Se você estiver muito solitária e precisando conversar com alguém mais de perto, procure uma ajuda profissional. Vai aqui uma dica: todas as faculdades de psicologia dão atendimento gratuito a quem procura. Vale a pena enfrentar a sua verdade. Boa sorte e muita força.

Cristiane, 23 anos, de Campinas

Até os 19 anos, eu nunca me interessei por homens. Minha grande paixão foi platônica, por minha melhor amiga, a Lúcia. Nós estávamos na oitava série, e ela me despertava tesão, interesse, vontade de conversar, olhar, ficar na companhia. Ela tinha um relacionamento com outra menina, só vim a saber um ano depois. Essa outra, a Rita, também era minha amiga, e eu convivia com as duas. Eu não sentia necessidade de nada real, de procurar vínculos sexuais com outras pessoas. Não sentia o mesmo interesse por ninguém mais e tinha certeza de que não seria a mesma coisa com um menino. Tive pressão familiar para arrumar um namorado, mas como eu gostava de estudar, meus pais deixavam a coisa por aí. "Ela gosta de estudar, de música. Quando quiser, vai namorar." Não era uma pressão terrível e eu nunca tive preconceito comigo mesma. Gostar do mesmo sexo para mim era normal, não era problema psicológico.

Quando entrei na faculdade de veterinária, achei que tinha que tentar namorar um homem para ver como era. Mas apesar de o Carlos ser legal, carinhoso, inteligente, não tinha tesão na nossa relação, ele era mais meu amigo. Despertou um interesse muito mais intelectual do que físico em mim. Até então, eu não tinha tido sexo com ninguém. Foi um namorico de uns três meses, a gente conversou e ficou só na amizade.

A história com a Lúcia persistiu por muito tempo, eu não sentia necessidade de procurar outra pessoa e achava que não tinha nada a ver transar por transar. Até que conheci uma mulher dois anos mais velha, quando eu estava no terceiro ano. Foi paixão mesmo, a Márcia é bastante sedutora e veio com umas conversas do tipo "O que você acha de mulheres homossexuais?", para ver se eu tinha preconceito. Saímos várias vezes, conversávamos pelo telefone direto, mas sem acontecer nada. Depois de um mês de "climinha" fomos à casa dela e rolou o primeiro beijo. Foi bem legal, quase transamos. No dia seguinte, conversamos para decidir: "Vamos namorar? Vamos continuar ou parar o relacionamento?" Resolvemos ficar juntas e não demorou muito para transarmos. Foi muito bom.

Nosso relacionamento foi muito legal, a gente dividia muita coisa, desde crescimento sexual até amizade. Praticamente casei com ela, porque a Márcia morava sozinha aqui em Campinas, os pais são do Recife, eu dormia na casa dela umas três vezes por semana. Nosso tempo livre era todo para passarmos juntas, era importante para mim estar com ela e ela comigo.

Até foi demais, a gente quase se sufocou. Aquilo durou dois anos. Mas ela tinha sérios problemas para aceitar sua homossexualidade, eu fui a primeira mulher com quem ela se envolveu e ela achava que tinha que voltar para os homens. Isso apesar de ter certeza de me amar... Hoje não temos mais um compromisso oficial, mas ficaram fortes vínculos e ainda transamos esporadicamente, além de nos vermos todo dia na clínica.

Os preconceitos existem e são muitos, mas convivo bem com meus amigos héteros, tenho vários amigos homos e acredito que a sociedade vai acabar aceitando que não é uma anomalia gostar do mesmo sexo. Acho que o que importa é o valor do sentimento, é você estar com quem gosta e ser feliz.

Contei aos meus pais que sou apaixonado por um amigo. Eles me levaram a um médico e vivem chorando. No início não entendi por que, mas agora sei que eles têm medo de que eu seja veado. Sou muito anormal por ser apaixonado pelo meu amigo? É isso que é ser veado?
(Régis, 14 anos)

Não. Você não é anormal nem "veado" por estar apaixonado. Infelizmente, a grande maioria das pessoas ainda considera algo anormal, um homem que se apaixona por outro porque confunde afetividade com desejo afetivo-sexual. Explico. Desejo afetivo-sexual é o que acontece quando estamos apaixonados por uma pessoa que queremos namorar e ter intimidades físicas com ela. Afetividade é um carinho muito grande, que pode até ser amor, mas sem desejo por intimidade física.

No seu caso, parece que o que você sente por seu amigo é uma grande afetividade, que vem na forma de paixão. Talvez seus pais tenham sido precipitados e não tenham perguntado a você a extensão de seu sentimento em relação ao seu amigo.

Eu só quero ter liberdade para amar, não quero matar ou roubar ninguém. Por que o mundo não deixa?
(Leila, 16 anos)

Liberdade para amar é você quem tem que se dar. As pessoas, por preconceito ou ambição, tentam impedir as outras de muitas coisas, colocam normas e regras desnecessárias, inventam valores. Mas cabe a nós analisarmos o que nos serve e quais dessas regras vamos transpor. Presentes podem ser bons, mas conquistas são melhores ainda. Conquiste o seu direito de amar.

Tenho uma namorada há um ano mas nunca transei com meninos. Eu sou virgem?
(Valéria, 17 anos)

Podemos pensar um pouco sobre o que é virgindade. Pelo aspecto físico, perder a virgindade é romper uma película que fica na parte interna da vagina, o hímen. No aspecto social, perder a virgindade significa ter intimidades físicas com alguém. No aspecto psicológico, perder a virgindade geralmente é a sensação de que se deixou de ser menina, "inocente", e que se abriu a porta do que é ser mulher. Aí você já está indo em direção a ter um amor, a viver a realidade de um desejo das entranhas, porque são inéditas as reações e possibilidades de seu corpo. Isto você pode sentir tanto com um homem quanto com uma mulher. Com esses dados, descubra a sua resposta.

Sofro muito porque sinto vontade de namorar meninos. Às vezes penso em acabar com minha vida ou fugir de casa. Será que um dia tudo vai passar?
(Felipe, 17 anos)

Felipe, dói muito ser diferente e sentir-se rejeitado. Sei que não é consolo, mas assim como você existem muitas outras pessoas que sofrem a mesma discriminação. Acredito que ajudaria muito se você compartilhasse a sua dor com quem também a sente. Existem grupos e lugares onde você pode encontrar amigos e trocar formas de como lidar com esses sentimentos tão dolorosos.

É muito importante você perceber que fugir de casa não adiantará nada, o problema continuará com você. Pensar em se matar é fugir de uma vida que pode lhe trazer muita felicidade. Muitas vezes não escolhemos o alvo de nossa felicidade, mas podemos escolher a forma com que vamos percorrer esse caminho. Essa dor passará se você se ajudar. Busque ajuda e não se sentirá tão só. Enfrentar essa dor é a melhor forma de se sentir mais forte, mais potente, mais dono de sua vida.

Meus pais me levaram a uma psicóloga porque eu tenho vontade de ficar com mulheres. Ela disse que é normal e meus pais até aceitaram, mas disseram que é melhor eu deixar para quando for maior de idade para viver a minha vida. Por que, se tenho amigas com 15 anos que podem namorar meninos e transar com eles? Quero viver isso agora.
(Cecília, 16 anos)

Você pode viver isso agora. É importante você perceber que talvez seus pais precisem de um tempo maior para se adaptarem a uma realidade com a qual com certeza não contavam. A sociedade também se assustará e demorará um certo tempo para respeitar o seu direito, porque mesmo sem existir nenhuma lei que a impeça de namorar uma mulher, muitas pessoas vivem e agem como se isso fosse ilegal. É difícil enfrentar os preconceitos sociais. Você tem essa coragem, proteja-se mas não se esconda.

Transo com homens e já namorei um por um ano, nunca tive uma namorada e não tenho vontade. Uma amiga fala que eu tenho que transar com uma mulher para poder escolher o que eu quero. Um cara heterossexual não tem que transar com um homem para escolher o que ele quer. Por que comigo tem que ser diferente?
(Luís Carlos, 18 anos)

Muita gente acredita que uma pessoa é homossexual porque nunca esteve com uma pessoa do sexo oposto, ou porque tem medo. É esperado, socialmente, que um homem seja hétero e quando isso não acontece as pessoas pensam que algo o desviou do caminho. Transar com uma mulher é considerado uma prova de que se é macho. O que as pessoas não sabem é que grande parte dos gays já fez sexo com mulheres sem ter problemas e até chegaram ao orgasmo, e um maior número ainda de lésbicas já transou e até casou com homens. Só que, por serem homossexuais, não sentiram um desejo erótico na relação heterossexual, o ato foi feito de forma mecânica ou muitas vezes estimulado por fantasias homossexuais. Homens e mulheres homossexuais não são heterossexuais frustrados. São simplesmente pessoas que têm desejos afetivos e sexuais por outras do mesmo sexo.

Tenho 16 anos e meu namorado 19. Ele vive com medo de ser preso se meus pais descobrirem e denunciá-lo, porque sou menor de idade. Isso é verdade?
(Caio, 16 anos)

É verdade. Seu namorado é maior e você é menor. Portanto, pode acontecer de ficar caracterizado o delito de corrupção de menores. Seus pais podem representar ou oferecer queixa perante a autoridade policial contra seu namorado até 6 meses após tomarem conhecimento do fato. Se eles só tomarem conhecimento após você fazer 18 anos, eles podem representar ou oferecer queixa até 6 meses depois, isto é, até você completar 18 anos e 6 meses. Depois deste tempo, não poderá haver queixa perante a autoridade policial. Essa lei vale também para relacionamentos heterossexuais.

Adoraria poder sair com meu namorado de mãos dadas na rua, assim como minhas amigas saem com os seus namorados. Sei que isso é impossível, ilegal. Será que um dia isso vai mudar?
(Rodrigo, 17 anos)

O ato de você sair com seu namorado de mãos dadas, demonstrando seu afeto e carinho com beijos e abraços, não tem nada de ilegal. Homossexuais e heterossexuais devem sempre manter suas manifestações de carinho dentro de parâmetros que não ofendam a moral e o pudor coletivo, ou seja, que não criem sentimentos de mal-estar ou vergonha. As mudanças na sociedade ocorrem à medida que as pessoas tomam conhecimento de seus direitos e de suas obrigações, e os exercem. A discriminação é fruto da falta de respeito e educação para com seu semelhante, mas pode ser mudada. Tanto que há vários países do mundo, como a Holanda e a Dinamarca, em que ninguém nem olha se dois homens saem abraçados pela rua.

Só transo, porque se apareço em casa sempre com o mesmo amigo todos ficam pegando no meu pé, ficam dizendo que é meu namoradinho. Será que nunca vou poder viver minha vida em paz?
(Leandro, 19 anos)

Vai poder viver em paz quando você parar de esperar uma autorização externa para ser feliz. Leve a sério os seus desejos, afinal, eles são seus. Coloque limites nas "brincadeiras" e assuma sua verdade. Paz é um estado de espírito que se conquista com nossas atitudes. Perceba se também não está em você a dificuldade em desenvolver uma relação afetiva com outro homem. Muitas vezes culpamos o social quando na verdade a dificuldade é nossa.

Toda vez que saio à noite, tenho que inventar um lugar aonde vou, falar de namoradas que não tenho, colocar na agenda nomes de meninos como se fossem de meninas. É super doido. Não gosto de mentir para minha mãe. Como posso fazer para ela aceitar a minha homossexualidade?
(Rogério, 17 anos)

É difícil, mas penso que não mentir pode ser um bom começo. Continue sendo verdadeiro com você mesmo, acredito que isso é um valor seu e muito importante na vida. A verdade incomoda muita gente, mas é importante para quem a diz, além de dar força e trazer alívio.

Explique o seu desejo à sua mãe, caso sinta que ela é capaz de entender. Diga que não é uma opção, é um desejo que vem de dentro e muito maior do que uma escolha aleatória. Fale que ela não tem motivos para se culpar porque não existe culpado nessa história, desejo é desejo, e esse é o seu natural. E orgulhe-se de você. É preciso ter muita coragem para assumir que se é diferente quando todos exigem uma igualdade.

Por que as pessoas vem me perturbar e se preocupam tanto com quem eu transo? Isso não interessa a ninguém! Tenho o direito de me aproximar de quem desejo. Tenho o direito de amar e ser amado. Por que as pessoas não me deixam em paz?
(Rodrigo, 18 anos)

Porque, de uma forma geral, a pessoas ficam mais preocupadas com a vida e felicidade dos outros do que em buscar soluções para a sua própria felicidade. Muita gente tem medo de amar ou de ser amada, o que também o torna diferente dos outros. Você pode e deve se aproximar de quem você acha que realmente vá fazê-lo feliz. Perceba se você não está dando abertura demais para que as pessoas invadam o seu espaço e dêem palpites demasiados em sua vida. Às vezes colaboramos para nos distanciar de nossa paz, dando muita atenção aos outros e esperando aprovação para nossos atos. A paz é a solução de algo que nos aflige, por isso é alcançada de diferentes maneiras.

Mudar o mundo para alcançar paz muitas vezes é impossível. Mas podemos mudar pequenas atitudes pessoais e alcançá-la internamente.

Sou gay e gostaria de ser pai. Será que eu seria um bom pai?
(Gustavo, 19 anos)

A capacidade de ser pai não está vinculada à orientação sexual de uma pessoa, mas à predisposição interna e externa para desenvolver e desempenhar esse papel. Pai e mãe perfeitos não existem, porque aprendemos mais na própria relação com a criança. Todas as crianças têm necessidades que são básicas, como afeto, educação, alimentação, lazer etc. Mas cada um é único e por isso necessita de diferentes atenções para melhor se desenvolver. Perceber isso é o que fará você ser um bom pai. No seu caso específico, acredito que dar condições para que seu filho lide melhor com preconceitos que possa sofrer por ter um pai gay seja essa atenção especial a que me refiro.

Tenho escutado muito que os homossexuais ameaçam a família. Não entendo o porquê.
(Sérgio, 18 anos)

Esse é um discurso muito comum entre as pessoas que são homofóbicas. O único motivo que poderiam ter, e que é real enquanto verdade biológica, é o de que casais do mesmo sexo não procriam. Mesmo assim, penso que, se um casal heterossexual optar por não ter filhos ou um dos pares não for fértil, não será visto pela sociedade como um casal que ameaça a família.

Homossexuais constituem um tipo de família. Muitos sentem-se casados com seus pares, outros tantos moram juntos, adquirem bens em sociedade e tudo o que qualquer casal hétero faria. Os outros componentes da uma família homossexual são os amigos, que geralmente são muito próximos e solidários, dando o apoio que a família muitas vezes não dá. Se alguém ameaça alguém, creio que é a família quem agride os homossexuais, e não o contrário. É nela que reside o preconceito, fruto da ignorância, que torna a vida do gay ou da lésbica um verdadeiro caos psíquico. É a família que não sabe lidar com o assunto, tendendo a segregar o filho ou a filha homossexual. Pais e mães se distanciam, rejeitam o adolescente, e esse vai sentindo que para ser aceito terá que ficar subjugado à vontade deles. Nesse momento, a família, que deveria ser o ambiente mais acolhedor para qualquer de seus membros, transforma-se numa ameaça de aceitação ou rejeição brutal.

7
O que faço com meu filho?

Todos os pais, desde que a criança está na barriga da mãe, traçam planos, fazem projetos, idealizam um filho com um futuro melhor que o seu. Montam um arsenal de expectativas positivas para a criança, cheio de conquistas e vitórias. O filho fica no imaginário dos pais como um prolongamento seu, que irá realizar os sonhos que não conseguiram e receber deles as coisas que não tiveram. Os desejos são dos mais nobres, mas os pais em geral se esquecem justamente de perguntar ao filho qual é o seu sonho, quais são os seus desejos, o que é a realização para ele. Muitos pais dizem criar o filho para o mundo, mas um mundo escolhido por eles como o melhor.

Nenhum pai deseja ou cria um filho para ser homossexual. É complicado para pais e filhos enxergarem essa verdade, romper fantasias e sonhos pode ser muito doloroso. De um lado ficam os pais, tentando negar o que intuem e percebem. Começam a pressionar, fazem insinuações, criticam, desqualificam, chantageiam, numa tentativa velada e por vezes desesperada de tentar manter os seus próprios sonhos intactos, de transformar o percebido no esperado. O que podem fazer é forçar o filho a corresponder às suas expectativas e ser infeliz, geralmente levando vida dupla.

Do outro lado, está o filho, que se sente culpado de não ser o que sonhavam dele. O medo da rejeição e do abandono entram em cena, o dilema fica entre corresponder às expectativas e ter amor dos pais, ou respeitar o seu desejo de amor e corresponder às suas próprias expectativas. Isto somado a uma pergunta maior: porque eu não posso ter o amor deles e ser o que sinto ser? Cria-se um labirinto muitas vezes sem saída. A relação vai ficando superficial, com segredos e omissões e ataques. Está criado o distanciamento.

Os pais têm medo de perguntar diretamente ao filho e ter uma resposta que sabem que será positiva. O que fazer com essa verdade, culpar a quem? A mãe, o pai, as más companhias, de quem é a culpa? Procuram por algo que não existe. Um culpado.

O filho, mesmo que não sinta culpa por seus desejos, sente-se culpado por decepcionar os pais, fica sem coragem de se delatar e ser ainda mais acusado por eles. Fica com receio de ser tratado como algoz. E inconscientemente vai deixando pistas para que seus pais percebam e acabem com o segredo. Pais e filhos sentem-se iguais, ora vítimas ora algozes. Na verdade, nenhum dos dois personagens deveria existir nessa história.

O importante é perceber que não há maneiras para se ter ou deixar de ter filhos homossexuais. Não se trata de uma opção nem uma escolha. O desejo homossexual é tão natural quanto o desejo heterossexual. É espontâneo, involuntário, assim como as batidas do coração. Homossexualidade é referida, hoje em dia, como uma outra forma de manifestação de afeto. É difícil aceitar a idéia de que exista mais de uma manifestação de afeto e que isso seja adequado. Mesmo assim, é necessário.

Tomemos como exemplo os canhotos: por muito tempo, achou-se que usar a mão esquerda para escrever era um desvio, e que toda criança tinha que escrever com a direita. Crianças canhotas às vezes tinham seu braço esquerdo amarrado e sofriam castigos quando não usavam a mão direita. Destros eram a norma e canhotos o desvio, o errado, até mesmo o diabólico. Hoje sabe-se que existe uma maioria de destros, uma minoria de ambidestros e outra de canhotos, todos perfeitamente naturais. O importante é que aprendam a escrever bem.

Para aceitar o filho ou a filha é necessário abrir mão dos sonhos e perceber, mais do que nunca, que filhos são independentes, têm vontades próprias que muitas vezes não vão corresponder às suas expectativas. É importante perceber que o problema está na sociedade e não nos filhos, que não existem culpados ou inocentes, vítimas ou algozes, e sim pessoas com diferentes desejos. E que eles podem ser vitais para ajudar seus filhos a lidar com sua sexualidade.

Pais amam os filhos e filhos amam os pais, mas é condição para o fortalecimento do amor que haja diálogo, transparência, aceitação, respeito pela individualidade e tolerância para com diferenças. O amor não deve ser tão frágil a ponto de não suportar uma diferença.

Tenho uma relação legal com meus pais. Eles viviam fazendo insinuações sobre minha sexualidade. Fui honesto com eles e contei que eu gostava de homens, mas toda vez que quero falar do assunto eles desconversam. O que devo fazer?
(Henrique, 17 anos)

Dê um tempo para os seus pais, eles devem estar assimilando esse novo dado da vida familiar de vocês. Mesmo que já desconfiassem, quando a coisa se torna real, demora um tempo até que possam organizar as idéias internamente e saber o rumo que as coisas irão tomar. Às vezes as pessoas fazem perguntas mas não sabem como lidar com as respostas. No seu caso deve ter acontecido isso, você deve ter percebido que o seu desejo era diferente do dos outros, ter dado um tempo e aí partido em direção do que você queria. Cada um lida com as verdades de sua forma e precisa de tempo para lidar com elas. Tenha calma, espere um pouco, tente ver esse silêncio como o tempo que eles precisam e não como negação a você.

Peguei minha filha na cama com a amiga dela, estavam se beijando. Ela tem que ter um desvio psicológico, isso não pode ser normal. Levei-a a um psicólogo e ele me disse que ela não tem nenhum problema. Não posso acreditar nisso. Devo levá-la a um psiquiatra?

Se você levá-la a um psiquiatra competente, ele também dará o mesmo diagnóstico que o psicólogo. Vejo que você tem um problema de aceitação muito grande. Acredito ser de grande valia investigar os motivos dessa negação. Pode ser que você se culpe pela educação que tenha dado a ela, que sinta que suas expectativas e sonhos a respeito da felicidade dela tenham acabado. Isso deve ser dolorido, mas será ainda mais dolorido para a sua relação com sua filha não encarar essa realidade.

Converse com ela e com um profissional, vocês poderão esclarecer muita coisa juntos.

Meu filho de 16 anos não desgruda de um amigo dele. Penso que isso pode não ser bom para o desenvolvimento dele. Ele não tem pai. Será que ele vai gostar de meninos? Devo falar com ele sobre isso? Devo impedi-lo de ver o amigo?

Impedir seu filho de ter amigos pode ser um belo começo de um mau relacionamento entre vocês. Ter amigos e cultivar vínculos afetivos é bom para qualquer ser humano, se o seu filho tem um amigo com quem se identifica e que é seu companheiro, isso só pode ser bom. Percebo que seu medo é de que ele possa se transformar em homossexual. Posso lhe assegurar que esse medo não tem fundamento. Se o seu filho tiver tendência para a orientação homossexual, a razão para isso não será um amigo muito próximo (o que é muito natural, principalmente nessa idade) e você não poderá fazer nada a respeito.

A senhora deve estar também preocupada com a educação que deu a ele. Saiba que muitas crianças não têm pai ou mãe e isso não as "transforma" em homossexuais. O importante para um desenvolvimento afetivo saudável de uma criança

"Peguei minha filha com a amiga."

ou de um adolescente é a imagem que passamos a respeito da pessoa que não está presente, no seu caso o homem, pai do menino. É muito importante, para os filhos, não generalizar as pessoas, para os filhos, como por exemplo dizer que todo homem não presta ou é infiel, o que só acarreta preconceitos. Importante também é que mostremos que as pessoas são diferentes, reagem de maneira diferente e que todas podem ser de bom caráter e levar a vida com dignidade. Ensine o respeito pelo outro, independente da sua orientação sexual, cor, religião, etc., e estará ajudando muito o seu filho. No mundo cabem várias verdades, que devem ser todas respeitadas por nós.

Meu pai me mandou embora de casa porque me pegou beijando um amigo, que considero como meu namorado. Foi difícil para mim aceitar, mas não teve jeito. Meu pai agiu certo ao me mandar embora?

(Ademar, 16 anos)

Claro que não. Para a grande maioria dos pais é muito complicado ver um filho junto com outro homem, as expectativas de macho se referem também ao filho. A população leiga ainda vê como anormal esse tipo de experiência ou de orientação, e o seu pai não deve entender o seu sentimentos. Acho importante vocês conversarem e você deixar claro para ele o que estava acontecendo, como você se sente, as suas dúvidas e certezas. Diga a ele que você sabe o quanto é difícil aceitar isso, você deve lembrar o quanto foi difícil para você mesmo. Diga a ele que nem você nem ele têm culpa de sua orientação sexual ser homossexual. E que o mais importante é a forma com que você leva a sua sexualidade e sua vida como um todo. Talvez para ele continue sendo muito difícil conviver com isso, e aí vocês precisem encontrar um meio termo para poderem conviver em paz até que você possa se sustentar e viver sua vida com mais liberdade. Não entenda a atitude dele como um desamor mas como um limite dele, que quem sabe um dia possa ser superado em função do amor que ele sente por você.

Onze mitos que só atrapalham

- **mito 1: famílias neuróticas são a causa de filhos homossexuais.** Os pais caem na armadilha de procurar de quem é a culpa no lar, se do pai que mimou, da mãe que foi dura demais, ou vice-versa. Trata-se de nada mais que um mito. São inúmeras as famílias muito problemáticas que não têm um filho ou uma filha homossexual, enquanto outras consideradas sadias possuem filhos que desejam pessoas do mesmo sexo. Não há nenhuma conduta familiar que determine o desejo sexual de filhos, nenhum exemplo pode ser dado por comportamento ou ausência ou mesmo abuso que altere a orientação sexual de alguém. O que a família pode determinar é como os filhos vão lidar com a sua vida afetivo-sexual, o que vão considerar bom ou sadio na vida. A família transmite valores em torno do afeto e do sexo, podendo assim auxiliar seus filhos a lidar com o que a Natureza lhes deu.

- **mito 2: o menino que tem comportamento delicado e a menina que é agressiva serão homossexuais.** Os pais acham que, porque os seus filhos quebram os papéis sexuais esperados de masculinidade e feminilidade, estão "aprendendo" a não ser heterossexuais. Papéis sexuais não têm relação alguma com desejo sexual. Muitos meninos agressivos e meninas delicadas são homossexuais, e uma grande quantidade de heterossexuais não se sente à vontade com os papéis que são esperados deles.

- **mito 3: as crianças são seduzidas por gays e lésbicas, que "corrompem" a sua orientação natural.** Outro mito muito difundido, em que pais gostam de acreditar porque tira deles e dos filhos a responsabilidade pelo seu comportamento. Acreditam que seus filhos possam estar sob a influência de algum gay ou lésbica, e que basta colocá-los em uma ambiente "puro" para que se tornem heterossexuais. É um grande engano, porque, para uma pessoa ser seduzida por algo, ela precisa gostar daquilo em primeiro lugar. Tem que haver uma repercussão interna para que o desejo exista, e não há maneira de se criar isso em ninguém.

- **mito 4: gays e lésbicas são heterossexuais frustrados.** As pessoas pensam isso principalmente das mulheres, porque é difícil para um homem heterossexual imaginar que o prazer seja possível sem a presença de um pênis. Essas mulheres seriam fruto de algum trauma com os homens, ou não teriam conseguido encontrar um bom parceiro. No caso dos homens, imagina-se que as mulheres os tenham assustado ou uma dificuldade nas primeiras relações sexuais seja fonte de trauma. Pessoas homossexuais não são heterossexuais frustradas, elas sentem um desejo poderoso e natural por pessoas do mesmo sexo.

- **mito 5: a homossexualidade é uma doença mental ou um desvio psicológico.** No início da década de 70, todas as associações de profissionais de saúde mental, inclusive a Organização Mundial de Saúde, decidiram que a homossexualidade não é um distúrbio e a retiraram de seus manuais. Acreditar nisso não é só preconceituoso, é estar muito desatualizado. A homossexualidade não deve ser combatida porque não é doença, é apenas mais uma forma de as pessoas manifestarem seus desejos afetivos e sexuais.

- **mito 6: os homossexuais são poucos no mundo.** É muito difícil saber a quantidade exata de homossexuais no mundo devido ao preconceito existente, que faz com que as pessoas nem sempre respondam às pesquisas com sinceridade e disfarcem seu desejo homoerótico. No entanto, um grande número de levantamentos apontam que entre 1 e 11% da população mundial é homossexual, e de duas a quatro vezes essa porcentagem, bissexual. Existem homossexuais em todas as famílias, em todas as gerações, em todos os países e culturas. Não há sociedade humana que não apresente ou tenha tido, de alguma forma, manifestações de desejo entre pessoas do mesmo sexo.

- **mito 7: trata-se de uma opção.** Pais sentem-se especialmente traídos quando acreditam neste mito, deduzindo que seus filhos poderiam ter outra orientação se quisessem, e que não o fazem para agredi-los. Homossexualidade não é uma opção ou escolha. Particularmente, não conheço um único homossexual que faria essa escolha se pudesse. As pessoas sentem o desejo que é natural para elas, e constróem sua vida afetiva de acordo. Acredita-se que fatores genéticos mais fatores sociais e psicológicos tramariam um contorno para que energia sexual fluísse para a homo, hetero ou bissexualidade.

- **mito 8: é fácil perceber quem é gay e quem é lésbica.** Muitas pessoas confundem papel sexual com orientação, e acham que um homem "afeminado" é sempre gay, e uma mulher "masculinizada" é sempre lésbica. Isso é um grande engano. Muitos homossexuais, talvez a grande maioria, se comportam de forma tão comum que chega a ficar difícil o reconhecimento até por outros gays ou lésbicas. A orientação de seu filho ou sua filha não tem nada a ver com a imagem ou o papel que ele e ela irão adotar para a vida.

- **mito 9: homossexuais são maus pais.** Tanto homens quanto mulheres homossexuais podem ser ótimos pais, e sua orientação sexual não influi de modo algum na de seus filhos. Acreditar nessa hipótese é acreditar que todos os pais de gays no mundo são gays também. Geralmente, pais homossexuais tendem a ser mais atentos com os seus filhos, e, por serem obrigados a lidar com o preconceito, ensinam seus filhos a confiar mais em si próprios e em seus sentimentos. Pesquisas de acompanhamento com famílias de casais homossexuais não apontaram qualquer incidência de problemas psicológicos ou sociais em seus filhos mais alta que entre a população em geral, indicando, ao contrário, uma ligeira tendência a crianças melhor ajustadas.

- **mito 10: homossexuais são pessoas que irão passar a vida solitárias e inúteis.** Muitas pessoas acreditam que gays e lésbicas não contribuem para a sociedade e que levam vidas solitárias e amargas. Independentemente de ser hetero ou homossexual, uma pessoa pode estar fadada a esse destino, mas pode-se comprovar que muita gente famosa, que fez história, não foi heterossexual, e que a comunidade de gays e lésbicas é bastante solidária. A sua angústia em pensar que seu filho ou sua filha vá acabar a vida sozinho não tem, portanto, fundamento na realidade.

- **mito 11: homossexuais são promíscuos e morrem de Aids.** A única diferença que existe entre héteros e homossexuais é o objeto de desejo. A quantidade de excitação e a freqüência de relações sexuais são variáveis que independem da orientação sexual. Promíscuas são as pessoas que transam muito e indiscriminadamente, podendo tanto ser hetero como homossexuais. Os primeiros caso de Aids foram detectados entre homossexuais, mas isso não quer dizer que ela tenha sido contraída em primeiro lugar por esse grupo, apenas que gays a desenvolveram primeiro. Já existem provas de que um paciente que não era gay morreu de Aids em 1957 na África.

Por que ter um filho homossexual é a pior coisa do mundo para os pais?
(Lucila, 17 anos)

Muitos pais dizem isso, mas é claro que não é verdade. A maioria deles acha que homossexualidade é um desvio, uma doença ou coisa parecida. Eles não têm conhecimento de que a homossexualidade não é doença nem desvio, que é natural em algumas pessoas como a heterossexualidade é natural para outras.

Acham também que erraram em alguma coisa na educação, acreditam que houve uma falha da parte deles, porque também não sabem que homossexualidade não se ensina e tampouco se contrai.

Provavelmente tiveram, desde que os filhos nasceram, uma expectativa a respeito de seu futuro. É comum que os pais se projetem nos filhos e desejem que sejam um prolongamento da vida deles. É muito raro pais que aceitem os filhos como pessoas autônomas, que vão desejar coisas diferentes e ter outros valores e gostos. Dizem que criam o filho para o mundo, mas desde que seja o mundo que eles escolheram.

E por último, muitos pais sofrem porque acham vergonhoso ter um filho ou uma filha homossexual. Os motivos dessa vergonha são os mais variados, desde o que a vizinha pode falar, até olhar para o próprio desejo homossexual reprimido.

Mas todos esses sentimentos podem ser mudados, se desejarem manter um relacionamento com seus filhos e se dispuserem a abrir a cabeça para novas idéias.

> **Minha família vivia cobrando que eu tivesse uma namorada e eu desconversava. Faz uns dois anos que ninguém fala mais nada. Acho que eles sabem que sou gay mas ficam dizendo que veado não presta e é tudo sem vergonha. Todo mundo pensa assim?**
> (Pérsio, 19 anos)

Você deve se sentir muito mal com tudo isso. Vamos por partes. Talvez a sua família já tenha percebido que exista algo de diferente em você, mas com certeza não sabem como lidar com isso. No começo foi uma cobrança de namoradas, um método indireto para fazer com que você correspondesse às expectativas deles. Num segundo momento, também de maneira indireta mas menos sutil, estão querendo mostrar os limites deles, é quase como se dissessem: "Olhe, não conte para nós que você é gay porque não agüentaríamos." Parece que eles têm uma série de opiniões preconceituosas que contribuem para que enxerguem a homossexualidade como problema. Com certeza, pelo menos nesse momento, eles não saberiam como lidar com isso.

Muitas pessoas, infelizmente, pensam o mesmo que eles sobre os gays, mas saiba que é por pura ignorância ou desconhecimento. O importante é que você não se sinta condenado a ser aquilo que o mundo fala de você. Palavra de pai ou mãe é muito forte, e muitas vezes, mesmo a gente não aceitando o que eles dizem, ficamos quase que com a sensação de que devemos cumprir o que eles dizem.

Você sabe que você presta, sim. Você deve ter valores e qualidades que lhe dão orgulho. Você sabe que não existe correspondência entre ser gay e ser sem vergonha ou safado. Só para admitir esse desejo você já precisa ter muita coragem e verdade interna.

Tenho um filho que é gay e o amo muito, mas fico preocupada que ele pegue Aids.

Toda mãe, tenha um filho hétero ou homossexual, tem medo que ele contraia Aids. Importante é você saber que não existem grupos de risco. Todas as pessoas, independentemente de cor, raça, idade ou religião, que praticam sexo sem ser seguro estão sujeitas a contrair o vírus. É necessário que se conscientizem da importância de fazerem sexo com segurança, usando os métodos que protejam da contaminação (veja o apêndice no final desta obra). Você disse que ama muito o seu filho e isso é muito bom, para você e para ele. Você tem o direito de conversar com ele a esse respeito, é uma forma de amor ficar preocupada com a saúde e bem-estar das pessoas. Tenha certeza de que ele se sentirá mais amado ainda por isso.

Meu pai era meu melhor amigo, a gente era super unido. Depois que eu fui descoberto transando com um amigo meu – que é meu namorado –, ele não me abraça mais e só fala comigo de estudo. Como posso mudar isso?

(Otávio, 19 anos)

Você me diz que seu pai era seu melhor amigo e no entanto você não confiou nessa amizade, não contou para ele do seu desejo por um homem e não por uma mulher. Acho que isso deve ter feito o seu pai não se sentir tão amigo seu assim. Talvez você não confiasse tanto no vínculo de amizade a ponto de contar a ele o que se passa com você. Você não ficaria chateado se um amigo seu guardasse um segredo tão íntimo por tanto tempo?

Deve ter passado pela sua cabeça que você iria decepcioná-lo e pode até ser que isso tenha acontecido, mas você o decepcionou mais ao não confiar na amizade dele. Mas nem tudo está perdido, se abra com ele, não fuja dele, com certeza seu pai está esperando que você resgate a amizade sendo sincero e mostrando o que de verdadeiro tem dentro de você. Tenho certeza de que você vai se sentir muito melhor se for autêntico com ele e enfrentar esse mal-estar. Boa sorte e saiba que, se vocês são realmente muito amigos, essa é a melhor oportunidade para aprofundar seu vínculo.

O que eu fiz de errado para ter um filho homossexual?

Se você deu suficiente afeto, carinho e atenção para o seu filho, você não fez nada de errado em relação à sua educação – independente de ele ser hétero ou homossexual. Você está se atribuindo uma culpa que não existe. Nem você nem seu filho são culpados pela manifestação de desejo sexual de seu filho. Existem teorias que dizem que pai ausente e mãe dominadora acarretam filhos homossexuais. Isto simplesmente não é verdade. Até hoje ninguém conseguiu encontrar nem uma única característica em comum entre as famílias com filhos homossexuais. Existem muitas pessoas que tiveram pais ausentes e mães dominadoras ou super protetoras e não têm desejo por pessoas do mesmo sexo. São também muitos os homossexuais que tiveram pais presentes e equilibrados, o que não tem relação com a sua orientação sexual.

Eduquei meu filho para ser macho, mas ele me contou que é gay. Tenho vergonha dele.

Todo pai educa seu filho para que ele seja heterossexual. É difícil perceber que nem tudo o que esperamos ocorre conforme nossa vontade. Não basta o nosso desejo para que as coisas aconteçam, principalmente quando estas coisas envolvem outras pessoas e os sentimentos delas. Seu filho, com certeza, não escolheu ser gay. Erroneamente pensamos que isto é uma opção. Opção implica uma escolha racional dentre várias coisas. O desejo afetivo-sexual vem de dentro e não é possível controlá-lo a ponto de modificá-lo. O natural de seu filho é a homossexualidade, assim como o seu natural é a heterossexualidade.

Ter vergonha de seu filho é um direito seu, mas talvez seja importante perceber o menino e julgá-lo pelas atitudes que de fato tem, e não pela idéia de macho que você acha ser a única maneira boa de existir. Provavelmente o seu filho percebe a vergonha que lhe causa, e isto pode ser muito ruim para o seu desenvolvimento afetivo, e para a forma com que vai lidar com as suas verdades. É importante perceber que seu filho não é um prolongamento seu, que ele é autônomo e tem o direito de ser feliz mesmo de uma forma diferente daquela que você gostaria. Pode ser até motivo de orgulho perceber que seu filho tem coragem de admitir o que sente.

O que eu posso fazer para evitar que minha filha vire homossexual?

Nada, se você quiser que sua filha seja uma mulher feliz. E muito, se você quiser ter uma filha com uma vida infeliz ou dupla.

Muitos pais, temerosos que seus filhos se descubram homossexuais, tendem a fazer pressão para que os meninos sejam mais masculinos e as meninas mais femininas. Outros tantos se distanciam ao mesmo tempo em que verbalizam valores desqualificativos em relação a gays e lésbicas. Alguns expulsam seus filhos de casa, outros dão surras enormes esperando que eles mudem de comportamento, ou impedem seus filhos de terem amigos. Há pais que deixam claro a vergonha que sentem em estar com seus filhos, enquanto outros falam de valores morais e cristãos, e do "pecado" e da "punição de Deus" em relação aos homossexuais. Alguns fazem tudo isso junto.

Atitudes como essas têm levado adolescentes até a cometerem suicídio. Nos Estados Unidos, entre 30 e 40% dos jovens que moram nas ruas são homossexuais que foram expulsos de casa ou abandonaram seus lares. 30% dos suicídios entre adolescentes são cometidos por jovens homossexuais. Esse índice é de duas a seis vezes maior do que os registrados entre os demais adolescentes. Pense seriamente nisso.

Meus pais são muito tradicionais. Se descobrirem que estou namorando com uma menina, vão me pôr para fora de casa. Ainda dependo deles. O que eu faço com meu amor?
(Elaine, 17 anos)

A sua situação é difícil. Você deve saber como os seus pais realmente são e como eles reagiriam a essa descoberta. Seria ótimo ter a aprovação deles para seus atos, principalmente se esses são atos positivos, recheados de desejo e amor. Mas preconceitos existem e são doloridos de sentir e de vencer. Tenha cuidado e tente não se colocar em uma posição em que eles se vejam obrigados a encarar a questão sem estarem preparados. Busque aliados ou tenha paciência até conseguir mais independência financeira.

Quanto ao seu amor, continue amando. Você deve ser a dona de seu destino, encontre você mesma a melhor solução para seu problema. Esse amor pode ser um bom começo para uma decisão sobre qual atitude tomar.

Tenho um filho de 10 anos que pediu para aprender a dançar balé. Será que ele será gay se eu deixar?

Dançar balé não transforma ninguém em gay. O que poderá acontecer é ele ter que enfrentar o preconceito de outros que pensem dessa mesma forma. Muitos bailarinos famosos são heterossexuais e bem pouco afeminados. É uma idéia errônea associar certas profissões com homossexualidade. Existem homossexuais em todas as profissões, assim como heterossexuais.

Jacques, 20 anos, de São Paulo

Sou judeu, e o filho mais velho. Na minha família, que eu saiba, não tem nenhum gay. É super importante eu ter um filho para levar o nome de minha família para outras gerações. Entendo e aceito esses preceitos religiosos, mas sei também que meu desejo é por homens, já saí com vários, mas só para sexo. Meus pais vivem me apresentando as filhas de amigos para eu namorar. Digo que nenhuma tem as qualidades que eu gostaria, disfarço e vou tocando. Já tive muitas crises por isso, hoje elas diminuíram um pouco. Não encontrava saída. Hoje encontrei. Não vou nunca contar para meus pais, eles não entenderiam. E se entendessem ficariam tão chateados que acredito que a relação deles iria se romper, não quero ser eu a detonar isso. Já bastam as culpas que carrego por sentir coisas que rezei muito para não sentir.

Tenho amigos gays, saio, vou a boates e bares, me divirto bastante. Sou assumido para o grupo e para mim. Hoje aceito meus sentimentos, tenho muita vontade de vivê-los porque sei que são nobres e bons. Amor é bom, prazer é bom, eu não pedi para nascer assim, nasci e hoje aceito isso. Quero amar e ser amado. Vou para Israel, sei que lá é melhor do que aqui as leis permitem a união civil entre iguais. Já me correspondi com grupos gays de lá e eles vão me dar uma força. Eu tenho a sorte de ter um passaporte israelense. Lá eu sei que conseguirei me soltar, amar, e, quem sabe, até assumir para minha família, por ironia do destino, na "terra dos perseguidos".

Resolvi que vou acabar a faculdade de Direito, ser advogado, e lidar com causas infantis. Além de gostar de crianças, serei pai de várias crianças que são injustiçadas.

8
Ensinando o respeito

Depois do núcleo familiar, é na escola que aprendemos a nos relacionar, respeitar limites, utilizar espaços, identificar igualdades e desigualdades. É na escola que começamos a perceber o que é uma sociedade e como ela se organiza. Dela também faz parte ensinar regras e normas sociais, e promover o bem-estar entre todos.

Os adolescentes homossexuais são, muitas vezes, colocados em evidência pelos colegas, tornando-se alvo de crueldades verbais e, muitas vezes, físicas. Professores se omitem por estarem enraizados nos seus preconceitos ou por acharem que não compete a eles qualquer atitude.

Soluções como promover debates sobre o assunto já são um grande passo, mas é necessário um pouco mais do que isso. É vital para uma boa orientação mostrar que no mundo existem várias verdades, que as sociedades progridem quando toleram as diferenças, que pessoas são diferentes mas não desiguais. Que existem diferentes desejos e que toda pessoa tem direito à sua liberdade de ser.

Desmanchar preconceitos é uma tarefa difícil, principalmente quando se fala de bi e homossexualidade, e dos papéis sexuais de macho e fêmea envolvidos. Não basta só informação, é necessário olhar para dentro de si e enxergar, no íntimo, o porquê de o preconceito ter se instalado, muitas vezes tão solidamente. Não é só para os adolescentes que esse trabalho deve ser feito, e sim para todos, porque quem pratica o preconceito está tão ou mais preso às suas limitações do que quem o sofre.

Tenho um aluno de 13 anos que é muito sensível, meio afeminado. Fica só com as meninas e os meninos vivem dizendo maldades, chamando-o de bichinha e veadinho. O que devo fazer? Chamar os pais?
(Antonia, professora)

Aproxime-se desse seu aluno, converse com ele, pergunte como ele se sente sendo tratado dessa forma. Aproveite para olhar para dentro de você e ver a quantas anda o seu preconceito, as suas idéias a respeito das diferenças sexuais. Se estiver tranqüila a respeito, acho que seria ótimo dar uma aula ou montar um debate sobre os papéis sociais, sobre como as pessoas são diferentes, sobre como somos rotulados e temos dificuldade em lidar com as diferenças, como somos intolerantes com aqueles que são diferentes de nós. Trabalhe os papéis sociais, as expectativas a respeito do papel do homem e da mulher, e veja como esses papéis estão mudando e como ficamos presos a eles muitas vezes por ignorância ou preconceito. Alguns anos atrás, homem que usasse brinco era considerado gay, hoje é considerado sedutor e por muitos até másculo. Mas se você não se sente capaz de passar essas informações de forma clara e sem preconceitos, fale com a direção da escola e organize um seminário com quem tenha formação suficiente para esclarecer tudo isso. Muitas vezes, a inquietação dos alunos a respeito de um assunto é um pedido mascarado de mais informações sobre o tema.

Fui criado pela minha avó. Na escola, todo mundo fala que eu sou veado porque desmunheco um pouco. Estou a fim de uma menina, tenho a maior vontade de beijá-la e outras coisas também, mas ela não quer namorar comigo porque acha que eu sou bicha. O que eu faço?

(Caio, 16 anos)

O mais importante é você saber que não é gay. Muitas pessoas fazem essa associação entre ser afeminado e ser gay, o que não corresponde necessariamente à realidade, tem muito cara que não é afeminado e é gay, e muito hétero como você. Sei que é difícil. Você pode ter duas saídas: uma é tentar se aproximar dessa menina e fazer com que ela enxergue você, conversar seriamente com ela. Quem sabe ela não cresce e percebe que está com um preconceito tolo, que o seu jeito não tem nada a ver com o seu desejo sexual, que o fato de você ser mais afeminado pode ser um fator positivo, porque você deve ser mais carinhoso que os outros? A outra saída é você olhar para outras meninas. Sempre tem alguém que vai gostar de seu tipo, há muitas mulheres que preferem homens afeminados.

Por que toda vez que se fala de homossexual, se fala de homens? As mulheres também não são homossexuais?

(Regina, 17 anos)

São, sim, e na mesma quantidade que os homens. Mas como nós estamos em uma sociedade machista, as pessoas se preocupam muito mais em como um homem pode querer ser afeminado e fazer um papel de mulher do que o contrário. Elas "perdoam" e entendem melhor uma mulher querer fazer o papel de homem do que um homem adotar o de mulher. Claro que homossexualidade não tem nada a ver com papéis, mas isso é como a sociedade vê, e é por isso que a mídia e as pesquisas e todo mundo discutem a homossexualidade como se ela fosse restrita a gays.

Justamente por causa desse fenômeno, há algum tempo as mulheres começaram a insistir que as pessoas dissessem "gays e lésbicas" em vez de "homossexuais", para assim ficar claro que estavam falando de homens *e mulheres* homossexuais.

Beth Harrison, de Los Angeles

Na primavera passada, em me assumi na frente da minha classe de segundo grau. Foi uma das coisas mais difíceis que fiz na vida e acabei tendo muitos problemas, mas no final das contas foi muito bom.

Foi numa aula de sociologia, em que o professor, muito liberal, estava fazendo um estudo das minorias. Uma dessas minorias que a gente estava estudando era a dos homossexuais, e ele chamou dois gays e uma lésbica para responderem perguntas da nossa turma. Todo mundo perguntou um monte de coisas: "Vocês adotam crianças?" "Você se sente atraída por todas as mulheres que conhece?" (Essa pergunta foi feita à moça lésbica, que respondeu: "Eu não. Você se sente?") "Por que vocês dizem que são discriminados se vocês podem se comportar como todo mundo, se quiserem?" "Quando você descobriu que era gay?"

A maioria dos meus colegas estava curiosa e não parecia desgostar dos três homossexuais, só estavam meio surpresos. A umas tantas, um dos homens disse: "Essa turma tem 22 pessoas. É muito provável que dois de vocês sejam gays." Todos olharam em volta e acho que ninguém acreditou que um de nós era gay. Eu estava me sentindo em paz com meu lesbianismo e reparei que o pessoal da classe não estava sendo hostil com os homossexuais. Eu já tinha pensado em sair do armário na escola e resolvi que era naquela hora ou nunca. Levantei a mão e disse: "É verdade. Eu sou uma." (Não consegui usar a palavra "lésbica").

Foi o maior silêncio. Até os três palestrantes ficaram sem saber o que dizer. Algumas pessoas ficaram incomodadas e uma menina, que não me conhecia direito, afastou a cadeira de mim fazendo uma cara de nojo. Mas logo estava todo mundo me fazendo perguntas, e no dia seguinte a escola inteira já sabia.

Agora já se passou algum tempo, e a moça lésbica da palestra, chamada Suzanne, me ajudou muito. Ela veio falar comigo depois da aula e tivemos uma longa conversa sobre os problemas que eu ia enfrentar, e como era bom parar de esconder a verdade e um monte de outras coisas. Sem a ajuda dela, a coisa teria sido bem mais difícil.

Meus amigos não mudaram muito comigo. Alguns comentaram o assunto, outros não falaram nada. Uma amiga (ou que achei que era amiga) se afastou de mim, e alguns meninos adotaram uma postura de me tratar mal, como se não pudessem me respeitar só porque eu não quero sair com eles. Escreveram "sapatão" no meu armário e eu fingi que não liguei, apesar de ficar meio incomodada.

No final, houve resultados bons e ruins. Mas sei que fui honesta comigo mesma e com as pessoas, e os meus amigos de verdade continuaram amigos. Achei que iam aparecer outras lésbicas na escola, mas até agora ninguém se manifestou. Mesmo assim, acho que eu facilitei o caminho para quem quiser se assumir também. Além disso, fiz amizade com a Suzanne, que virou minha melhor amiga. Sair do armário não foi fácil, mas valeu a pena.

(Do livro *Young, gay & proud*, de Don Romesburg, Los Angeles, Alyson, 1995.)

Um aluno me disse que gostava de meninos. Ele me fez jurar que eu não contaria para os pais dele porque tem medo de apanhar muito e ser uma grande decepção para a família dele. Não estou agüentando guardar isso comigo, conto ou não para os pais dele?
(Maria Odete, professora)

O seu aluno confiou em você, não acredito que a melhor alternativa seja trair essa confiança. Ele desabafou e deve estar aberto para um diálogo. Converse com ele sobre a sua dificuldade de guardar esse segredo. Para ele, o medo de contar a você deve ter sido muito maior. Olhe para você e descubra quais são os seus reais medos em relação a ele. Você não é responsável por ele estar sentindo o que sente. Mas é responsável pela confiança que ele depositou em você. Divida com ele essa responsabilidade. E, se for o caso de contar aos pais dele, você deve ajudá-lo a encarar esse fato e a encontrar o melhor jeito para ele fazer isso.

Todo mundo hoje em dia diz que ser gay não é doença, é normal. Então porque todo mundo fala mal do gay?
(Olavo, 16 anos)

Porque os gays são uma minoria. As piadas e a desqualificação são uma técnica muito utilizada pelas pessoas para se diferenciarem e se sentirem superiores. As pessoas falam também mal de negros, de pobres, fazem piadas de português, de japonês, etc. Tudo o que é diferente de um grupo que se diz maioria é motivo de piada ou de rechaço. Veja a questão dos pobres. No Brasil, são maioria, mas todo mundo que trata mal ou tem vergonha deles no fundo tem muito medo de ser, ou é também. Pense nisso.

Sou professora de colegial e uma vez os alunos quiseram debater sobre homossexualidade, mas a direção do colégio disse que não, porque estimularia os meninos e as meninas. Isso é verdade?
(Antônia, professora)

Claro que não é verdade. A maioria das instituições não incluem homossexualidade em seus currículos porque não sabem como lidar com ela. É mais fácil para as pessoas viverem como se homossexualidade não existisse, negando uma realidade que está presente em todos os lugares, em todas as gerações, na maioria dos lares. Falar sobre o assunto não a estimula homossexualidade de ninguém. Ela é natural nas pessoas que a sentem. Não falar de homossexualidade com medo de estimulá-la é ignorância, a heterossexualidade é comentada e estimulada 24 horas por dia e nem por isso os homossexuais deixam de ser homossexuais. A informação correta faz parte da formação que a pessoa deve ter na vida para poder se desenvolver com maior segurança e solidez.

Por que as pessoas julgam os homossexuais pelo sexo e não pelo que eles fazem de bom na vida?
(Sônia, 18 anos)

Porque sexo é muito valorizado na nossa e em outras tantas sociedades. Porque a vida afetiva e sexual é muito importante para nós. Infelizmente, gays e lésbicas passam grande parte de suas vidas tentando fazer com que os outros entendam isso. Mas continuam sendo segregados pela única coisa que os diferencia dos demais, sua orientação sexual. O mais importante para que isso mude é que as pessoas homossexuais, e também as bissexuais, não se sintam simplesmente seres sexuais, mas sim pessoas inteiras, com muitas facetas. Que façam, como você diz, outras coisas boas na vida. Assim, tanto elas quanto o mundo irão mudar essa situação de discriminação.

Por que as pesquisas variam tanto sobre a porcentagem de homossexuais na população? Quantos são os bissexuais?
(Maria Alcina, diretora)

As estatísticas a respeito de gays, lésbicas e bissexuais são discutíveis em parte por causa do preconceito social contra estas orientações, que não torna as respostas às pesquisas neutras, em parte pelo viés dos próprios pesquisadores, que ainda não entraram em acordo sobre qual seria o significado exato de cada uma destas categorias. Por exemplo, um padre que sinta desejos homoeróticos mas nada faça é gay? Uma mulher que só se relaciona com mulheres mas foi casada com um homem por um ano é bissexual? Em todo caso, tratam-se de minorias muito significativas. Entre 1 e 11% da população do planeta é homossexual, independentemente de cultura, raça, credo ou qualquer outra variável. A maioria dos pesquisadores tende a

"*Porque as pessoas julgam os homossexuais pelo sexo?*"

concordar com 7%, mas deve-se lembrar que estas são sempre porcentagens mínimas, pois ninguém responde ser homossexual sem de fato o ser.

Os bissexuais são um assunto mais complicado, visto que até mesmo os pesquisadores, ao fazerem perguntas, confundem a capacidade de manter relacionamentos sexuais com os dois sexos com a capacidade de envolvimento emocional e sexual com os dois sexos. A prática sexual não determina a orientação, e uma orientação bissexual nem sempre leva à prática, já que é possível a boa parte destas pessoas viverem como heterossexuais com relativamente pouca frustração. Em todo caso, o que as pesquisas indicam é que a bissexualidade equilibrada, em que a pessoa é igualmente capaz de envolver-se amorosamente com os dois sexos, é mais rara, talvez não superior a 5% da população. Muito mais comuns são os bissexuais que tendem para a homo ou a heterossexualidade, ou seja, pessoas que costumam se envolver preferencialmente com outras do mesmo sexo ou do sexo oposto, mas não estão fechadas à possibilidade de variação. Estes podem chegar à espantosa porcentagem de 30% da população. Seja qual for a cifra real, a maioria dos pesquisadores concorda que a bissexualidade é de duas a quatro vezes mais comum que a homossexualidade.

Se todos são filhos de Deus e têm o direito de ser feliz, porque os homossexuais não podem?
(Arlete, 17 anos)

Podem sim, são já muitas as igrejas que têm homossexuais assumidos em suas congregações e aceitam a sua maneira de buscar a felicidade. Infelizmente, existem pastores que interpretam o seu próprio preconceito como tendo base na Bíblia, dando-se o direito de condenar quem não é heterossexual. Você pode observar, no entanto, que Jesus disse para sermos "puros de coração", não para sermos heterossexuais. Foi lançado um livro que pode ajudá-la a formar um conceito mais claro sobre isso, chamado *O que a Bíblia realmente diz sobre a homossexualidade* (São Paulo, GLS, 1998).

Qual a melhor postura em sala de aula para lidar com alunos sexualmente diferentes?
(Carlos Alberto, orientador pedagógico)

A melhor postura é a de facilitador, para que os alunos entendam que existem diferenças no mundo e aprendam a conviver com elas em paz. O professor deve acolher a todos os alunos e demonstrar imparcialidade com as diferenças. Deve ser continente para com os alunos e não fazer distinções, dando assim o exemplo de como as pessoas devem agir com as outras. Respeito para com a diversidade não se ensina somente em teoria, as pessoas captam nossa atitude pela postura que adotamos. Ter um discurso politicamente correto é fácil, mas são as nossas atitudes que realmente contam na transformação das atitudes dos alunos.

De que maneira a educação pode contribuir para o surgimento da homossexualidade?
(Maria Aparecida, professora)

A educação não contribui de maneira alguma para a homo, bi ou heterossexualidade, elas são manifestações de desejo afetivo involuntário no ser humano. A educação pode e deve contribuir para que a pessoa saiba como lidar com seus desejos e aprenda a melhor forma de administrá-los e demonstrá-los. A educação serve de facilitadora para que as pessoas enxerguem seu real desejo e vivam de acordo com suas naturais inclinações.

O que é pedofilia?
(Adriano, professor)

Pedofilia é a atração que um indivíduo maior de idade tem por crianças, ou seja, pessoas de menos de doze anos de idade. Esses adultos geralmente abordam a criança de forma verbal, com carinhos sensuais, mostram a genitália, tentam manipular os órgãos da criança e fazer com que ela manipule os seus. O sexo oral tende a ser a forma preferida de relação do pedófilo, embora ele possa chegar a praticar a penetração. Os

Diferentes desejos

pedófilos são pessoas com uma dificuldade muito grande de lidar com a sua sexualidade, cujos sentimentos de inferioridade e insegurança os afastam de relações maduras com adultos. Geralmente, apresentam um histórico de abuso sexual quando crianças, carregando o trauma e repetindo o modelo aprendido. A homossexualidade já foi tida como sinônimo de pedofilia, o que é um grande erro, visto que esta perversão acomete tanto héteros quanto homossexuais. Grupos homossexuais e bissexuais de todo o mundo condenam a pedofilia e a consideram um problema psicológico, este sim uma condição que requer tratamento.

ANEXOS

Respeito por todos os adolescentes

As indicações dadas a seguir foram adaptadas de um folheto distribuído pela PFLAG (Federação dos Pais e Amigos das Lésbicas e Gays), e são parte de um projeto denominado Respect all youth, (Respeite todos os adolescentes). Criada nos anos 70 por pais que sentiam a necessidade de discutir a homossexualidade de seus filhos, a PFLAG é hoje uma das associações mais ativas na luta pelos direitos dos homossexuais e bissexuais, com grupos espalhados por todo os Estados Unidos. Defende que a discriminação contra minorias sexuais é fruto da mais pura ignorância, da qual eles mesmos já sofreram, e dedica-se a disseminar informações científicas e fundamentadas para combater o preconceito. O endereço da PFLAG para correspondência é PO Box 27605, Washington, DC, 20038, Estados Unidos.

Alguns dos folhetos da PFLAG e outras publicações em português podem ser adquiridas do Grupo Gay da Bahia, caixa postal 2552, cep 40022-260, Salvador, Bahia.

Adolescentes gays e lésbicas em crise

Crianças gays e lésbicas costumam crescer em meio a ataques à sua pessoa antes mesmo de descobrirem ou darem nome à sua orientação sexual. Desde a mais tenra idade, as crianças observam a maneira pela qual a sociedade desaprova e rejeita os homossexuais.

Quando entram na adolescência, estas crianças descobrem (em geral com grande descontentamento) que não se alinham com as expectativas da sociedade, ou seja, que não são exclusivamente heterossexuais. A esta altura, costumam já ter aprendido a rejeitar tudo o que se refira à homossexualidade, criando as bases para um crescente ódio por si próprias. Algumas dessas crianças tentam proteger-se contra serem descobertas e compensar pela sua diferença dedicando-se ao desenvolvimento muito algum aspecto de suas vidas. Entre estes adolescentes, muitos são resistentes. Outros fingem ser heterossexuais e tentam "provar" que não são o que sentem ser. Outros ainda tomam o caminho da autodestruição. (Adolescentes gays e lésbicas estão de duas a seis vezes mais sujeitos a tentarem o suicídio do que adolescentes heterossexuais, e somam 30% de todos os suicídios de menores de idade, apesar de provavelmente constituírem apenas 10% da população.)

A seguir, um pequeno panorama do contexto social em que a criança gay e lésbica está inserida.

O adolescente observa que...

- a **sociedade** rotula gays e lésbicas como doentes, maus, imorais, desajustados e autodestrutivos. A sociedade os discrimina e colabora para que gays e lésbicas adultos permaneçam invisíveis.
- a maioria dos **grupos religiosos** condena os homossexuais e o comportamento homossexual, classificando-os como pessoas vergonhosas e pecadoras.
- as **escolas** de modo geral permitem que seus funcionários e estudantes persigam e mesmo abusem daqueles que suspeitam ser diferentes. O currículo da maioria das escolas é completamente omisso, evitando fornecer informações precisas sobre o desenvolvimento sexual, a contribuição que gays e lésbicas deram ao longo da história, ou abordar a questão da perseguição por razões de discriminação sexual.
- as **famílias** comumente rejeitam, atacam, perseguem e deserdam a criança que é (ou que acham ser) homossexual. Os parentes da criança sentem-se feridos, insultados ou humilhados, considerando a criança um grande desapontamento.

O adolescente sente...

- **baixa auto-estima**. É freqüente que o adolescente adote para si os rótulos negativos associados à homossexualidade (ruim, doente, desajustado, auto-destrutivo).
- **conflitos de identidade**. Em conseqüência da baixa auto-estima, muitos adolescentes negam sua orientação sexual ou se desesperam.
- **isolamento social profundo**. Muitos adolescentes sentem-se solitários e isolados por não terem oportunidade de conhecer outros adolescentes ou adultos gays e lésbicas, por não terem oportunidade de criar amizades baseadas na honestidade ou de aprender a socializarem-se de maneira saudável. O medo ou a própria rejeição de colegas e amigos pode levar muitos deles a isolarem-se socialmente.
- **distância da família**. Quando as famílias descobrem a orientação sexual de seus filhos, muitas vezes reagem de forma violenta, a ponto de deserdá-los. Por isso, é freqüente adolescentes gays e as lésbicas sentirem-se vulneráveis: temem ser descobertos, perder o amor de seus pais, ser forçados a sustentarem-se antes de estarem preparados para isso.

O adolescente procura soluções

- **ajuda psicológica**. Muitos adolescentes procuram ou são levados a fazer terapia, mas é comum que os profissionais que os atendem sejam incapazes de discutir a homossexualidade, sejam insensíveis ou parciais, recusem-se a aceitar ou apoiar a homossexualidade de seus clientes, violem seu sigilo, expondo-os à recriminação e até à violência, e cheguem ao extremo de forçá-los a fazer tratamentos que visem a mudança da orientação sexual.
- **fuga**. Muitos adolescentes, ao enfrentar tais tipos de rejeição, recorrem a drogas para aliviar seu sofrimento emocional ou diminuir as inibições relativas a seus sentimentos sexuais. Alguns abandonam os estudos para escapar dos abusos de seus colegas, fogem de casa ou tentam se suicidar.
- **vida por conta própria**. Uma vez longe de casa, estes adolescentes podem não ter com quem contar da família ou outros adultos. Gays e lésbicas adultos que conseguiram sobreviver às suas dificuldades de um modo geral não se encontram disponíveis para ofere-

cer auxílio. Estes jovens são habitualmente discriminados ao procurarem empregos, deixam de estudar adequadamente uma profissão e podem envolver-se com a vida nas ruas, inclusive drogas e prostituição, simplesmente para sobreviverem.

- **alto risco de hiv+/aids**. Estes mesmos jovens estarão se colocando em situações de alto risco de contágio de hiv, hepatite e outras infecções por meio de contatos sexuais não planejados ou pouco seguros, ou pelo uso de drogas injetáveis. Atualmente, um em cada cinco pessoas que contraem o hiv são ainda adolescentes.
- **pessimismo**. Estes adolescentes tendem a desesperar-se e a sentir que a vida será sempre dura. Conforme já apontamos, eles em geral nunca entraram em contato com gays e lésbicas bem-sucedidos que pudessem lhes servir de exemplo.

Você pode ajudar

Por todas essas razões, adolescentes gays e lésbicas têm grandes chances de apresentar sérios problemas sociais, emocionais e de saúde. A parte mais absurda dessa tragédia é que ela pode ser evitada. Pessoas de todo o mundo estão formando grupos de apoio e de educação – incluindo pais, educadores, profissionais de saúde física e mental – para dar amor e suporte aos adolescentes gays e lésbicas. Estão assim reunindo famílias e salvando a vida de pessoas maravilhosas, cuja contribuição à sociedade poderia de outro modo ser perdida.

Homossexuais e bissexuais famosos ao longo da história

Alexandre, o Grande (356-323 a.C.). Aos 20 anos, Alexandre tornou-se o rei da Macedônia e, nos sete anos seguintes, expandiu seu império até a Índia, conquistando as civilizações mais poderosas da época, entre as quais a Pérsia. Como guerreiro, despertava a total lealdade de seus comandados e o respeito de seus inimigos, tanto que tornou-se uma divindade em várias das culturas que conquistou Alexandra, uma cidade do Egito, foi assim nomeada em sua homenagem.

Durante toda a sua vida, Alexandre teve um amigo muito íntimo, Hefaistion, com quem dividia tudo. Não há provas de que tenham tido um relacionamento sexual, mas isso não é improvável, visto que a relação sexual entre Alexandre e o eunuco Bagoas foi bem documentada.

Alan M. Turing (1912-1954). Matemático inglês brilhante, responsável pela elaboração dos conceitos que deram origem ao computador. Aos trinta anos, colaborou com o serviço de inteligência britânico para desvendar os códigos secretos usados pelos alemães. Graças a seus esforços, os aliados tiveram acesso às comunicações de Hitler, e puderam dar fim à Segunda Guerra mais rapidamente. Seu primeiro amor foi Christopher Morcom, que morreu de tuberculose. Envolveu-se depois com vários rapazes, entre os quais Arnold Murray, a quem acusou de roubo para a polícia. Ao fazer o boletim de ocorrência, inocentemente declarou seu relacionamento sexual com o jovem, sendo então preso por homossexualidade, na época considerada crime na Inglaterra.

Anne Frank (1929-1945). Ainda menina quando os nazistas começaram a perseguir os judeus alemães, Anne Frank passou anos escondida em um sótão em Amsterdã com sua família. Acabou sendo capturada e morrendo em um campo de concentração, mas sua história foi preservada no diário que escreveu durante o período, publicado após a guerra com enorme sucesso. Até recentemente, todas as edições do diário excluíam algumas passagens, consideradas explícitas demais e indicadoras das fantasias lésbicas da adolescente. Em uma delas, Anne escreve: "Sinto êxtase toda vez que vejo a figura de uma mulher nua, como as de Vênus em meu livro de história da arte. Acho-as tão bonitas e maravilhosas que tenho de me segurar para não chorar."

Davi (1035?-960? a.C.). Famoso na história bíblica por ter morto o guerreiro Golias com sua funda, Davi foi um membro respeitado da corte do rei Saul e mais tarde tornou-se um grande rei de Israel. Teve um grande amigo Jônatas, um menino pastor ruivo e bonito. Em diversas passagens a Bíblia conta como havia um profundo relacionamento emocional entre estes dois heróis: "A alma de Jônatas apegou-se à alma de Davi, e Jônatas começou a amá-lo como a si mesmo... Jônatas fez um pacto com Davi, que ele amava como a si mesmo. Tirou o seu manto, deu-o a Davi, bem como a sua armadura, sua espada, seu arco e seu cinto." Quando Jônatas morreu na batalha de Gilboa, Davi fez um lamento de uma intensidade crescente: "Jônatas, meu irmão, por tua causa meu coração me comprime! Tu me eras tão querido! Tua amizade me era mais preciosa que o amor das mulheres" (2 Samuel 1:26).

Elizabeth Bishop (1911-1979). Uma das grandes poetas no século XX, Bishop recebeu uma infinidade de prêmios literários durante sua vida, foi professora convidada na Universidade de Washington e de Harvard, e é tida como um gênio da língua inglesa. Nutria uma grande paixão por mulheres fortes e independentes, tendo se envolvido com várias. Em 1951 veio ao Brasil e conheceu Lota de Macedo Soares, a arquiteta responsável pelo aterro do Flamengo. O que se seguiu foi um relacionamento apaixonado de quinze anos, tendo as duas morado em uma casa maravilhosa na serra, onde a poeta escreveu dois de seus aclamados livros, *Cold spring*, que recebeu o prêmio Pulitzer, e *Questions of travel*. A história deste extraordinário casamento é contada no livro *Flores raras e banalíssimas*, de Carmen L. Oliveira (Rio de Janeiro, Rocco, 1995).

Diferentes desejos

Felipa de Souza (1570?). Habitante de Salvador no período colonial, Felipa teve o azar de ser a única mulher acusada do "infame pecado da sodomia" (homossexualidade) pelo Tribunal do Santo Ofício no Brasil, em 1591. Confessou ter sido amante de Maria Peralta, Maria Lourenço e Ana Fiel, afirmando que "todas essas comunicações lhe causavam grande amor e afeição carnal". Felipa foi condenada pela Inquisição ao açoite, a jejuar a pão e água e pagar pelo processo. Seu nome foi dado hoje ao prêmio com que a Comissão Internacional de Direitos Humanos de Gays e Lésbicas homenageia os grupos e instituições que combatem o preconceito contra as minorias sexuais em todo o mundo.

James Dean (1931-1955). Ator famoso pelos tipos atormentados em busca de amor que retratou em filmes como *Rebelde sem causa*, James Dean tornou-se um ídolo para a sua geração e um clássico do cinema. Sua vida fora das telas foi parecida, tendo se identificado como bissexual mas tido relacionamentos principalmente com homens. Dean morreu em um acidente de carro, aos 24 anos.

John Maynard Keynes (1883-1946). Tido como o maior economista do século XX, Keynes teve uma influência marcante na maneira de pensarmos o mercado e a sociedade, sendo suas idéias largamente utilizadas até hoje. Apesar de ter sido casado com a bailarina Lydia Lopokova, foi essencialmente homossexual. Teve um caso com o pintor Duncan Grant e correspondeu-se por anos com Lytton Strachey, com quem discutia abertamente a sua homossexualidade.

Júlio César (100?-44 a.C.). Estadista charmoso, possuidor de um grande talento para estratégias militares e políticas, César foi o primeiro ditador vitalício de Roma, em honra a quem mais tarde todos os imperadores assumiriam o título de "césar". Sua vida sexual foi muito variada, tendo tido três esposas, um caso famoso com a rainha Cleópatra do Egito e vários amantes homens, tanto que mereceu o epíteto "Marido de toda mulher e esposa de todo homem". Seu amante mais conhecido foi Nicomedes, rei da Bitínia. Os dois se conheceram durante uma das guerras romanas de conquista, e causaram um certo escândalo juntos. Quando Nicomedes morreu oito anos mais tarde, deixou seu reino como legado aos romanos.

Leonardo da Vinci (1452-1519). Iniciou sua carreira como pintor na Itália renascentista, produzindo quadros célebres, como a *Mona Lisa* e a *Última ceia*. Foi também arquiteto e engenheiro visionário, tendo feito planos de aviões e helicópteros muito antes de alguém pensar serem possíveis. Aos 24 anos, foi preso com quatro outros florentinos por praticar sodomia com um menino de 17 anos. Depois de mudar-se para Milão, contratou um belo aprendiz, a quem amou por 25 anos. Seu último amante foi Francesco Melzi, que ficou ao seu lado até a morte de Leonardo.

Michelangelo Buonarroti (1475-1564). Artista italiano famoso por pintar o teto da Capela Sistina, no Vaticano, e também por produzir esculturas homoeróticas clássicas, como *Davi*. Tinha uma personalidade complexa, tendo provocado muitos comentários em sua época pelo relacionamento que mantinha com seus belíssimos modelos, inclusive o jovem Gherardo Perini. Michelangelo foi também poeta, tendo dedicado sonetos ao aristocrata Tommaso Cavalieri, que parece ter sido seu grande amor. No final de sua vida, o clima liberal renascentista havia mudado, e o papa Paulo IV ordenou que fossem pintadas vestes para encobrir a nudez dos homens na pintura *O juízo final*. Após a sua morte, seus poemas foram alterados para sugerir que haviam sido escritos para uma mulher. Apenas em 1960 os originais foram recuperados e publicados sem censura.

Safo (600 a.C.). Primeira poeta ocidental a escrever sobre o amor romântico, Safo foi admirada em toda a Grécia pela beleza de seus versos e chamada de "décima musa" por Platão. A maior parte de seu trabalho foi destruída pelas autoridades eclesiásticas cristãs, tendo apenas uma parcela sobrevivido. Safo passou boa parte de sua vida na ilha de Lesbos, onde tinha uma escola de escrita e poesia para meninas. Teve uma filha e amou tanto homens quanto mulheres, apesar de ter-se tornado mais conhecida pelos romances apaixonados que manteve com suas pupilas. A palavra "lésbica" deriva do nome da ilha em que viveu.

Sócrates (468?-399 a.C.). Conhecido como um dos maiores filósofos gregos e basicamente o inventor da filosofia como é hoje praticada no Ocidente, levou uma vida dedicada à instrução dos jovens para seu desenvolvimento moral e intelectual. Foi condenado à morte por declarar-se contra a tirania, e morreu tomando um cálice de cicuta. Seu paixão por belos rapazes é citada em vários textos da Antigüidade, sendo "amor socrático" um eufemismo usado para a sua homossexualidade. Seu amante mais famoso foi Alcebíades, político e general ateniense.

Diretrizes para a redução de risco de dst/Aids

Atividades sem risco

A maioria destas atividades envolve apenas o contato de pele com pele, evitando assim possíveis contaminações por meio de sangue, sêmen e secreções vaginais. Presume-se que não haja cortes na pele. **1) Beijos sociais** (secos). **2) Massagens, abraços. 3) Esfregação. 4) Práticas sado-masoquistas leves** (sem machucados ou cortes). **5) Uso de seus próprios brinquedos sexuais** (vibradores, consolos etc). **6) Masturbação mútua** (feminina sem penetração ou masculina). Deve-se tomar cuidado para não se deixar o/a parceiro/a entrar em contato com ejaculação ou secreções vaginais. Secreções vaginais e seminais, assim como a saliva, não devem ser usados como lubrificantes.

Atividades de baixo risco

Nessas atividades é possível a troca de uma pequena quantidade de fluidos corporais; ou há risco de a barreira protetora romper-se. **1) Relação vaginal ou anal com camisinha.** Estudos demonstraram que o hiv não atravessa a camisinha. Existe, porém, o risco de a camisinha romper-se ou de haver transbordamento de sêmen para o ânus ou a vagina. O risco é diminuído se o pênis é retirado antes do orgasmo. **2) Chupada até antes do orgasmo.** O fluido pré-ejaculatório pode conter hiv, apesar de ser possível que a saliva desative o vírus. A saliva também pode conter hiv em baixa quantidade. Aquele que insere o pênis deve avisar o/a parceiro/a quando estiver prestes a atingir o orgasmo, de modo a evitar que a outra pessoa tenha contato com uma grande quantidade de sêmen. Do mesmo modo, qualquer atividade que cause abrasão, ou possíveis feridas, no pênis ou na boca aumenta o risco. **3) Chupada com camisinha**. Uma vez que o hiv não atravessa a camisinha, o risco desta prática é pequeno, a menos que a camisinha se rompa. **4) Beijo na boca**. Estudos apontam ser tão baixa a concentração de hiv na saliva que o contato entre salivas apresenta pouco risco de transmissão. O risco aumenta se há feridas na boca ou gengivas que sangrem. **5) Contato entre boca e vagina ou boca e ânus com barreira de proteção** (látex como o usado pelos dentistas, plástico de embrulho ou camisinha cortada e aberta na forma de um quadrado). Baixo risco quando o látex não é reutilizado, pois nesse caso pode-se virá-lo sem querer. **6) Penetração do ânus ou da vagina com a mão, com luva** (*fisting*). Se a luva não rasga, não há perigo de transmissão do vírus. Há no entanto risco de ferir-se o reto, causando problemas como hemorragia ou perfuração dos intestinos.

Atividades de risco moderado

Estas práticas envolvem a possibilidade de machucados ou troca de fluidos que contenham hiv ou outras doenças sexualmente transmissíveis. **1) Chupada até o orgasmo**. O sêmen pode conter altas concentrações de hiv que, se absorvido através de feridas na boca ou no estômago, acarreta risco de transmissão. **2) Contato entre boca e ânus**. É possível que as fezes ou o reto contenham sangue contaminado com hiv. A prática apresenta também alto risco de transmissão de parasitas e infecções gastro-intestinais. **3) Contato entre boca e vagina**. Secreções vaginais e sangue menstrual são fluidos que podem apresentar alta concentração de hiv, expondo o/a parceiro/a oral a contaminar-se através de lesões na boca ou no estômago. **4) Penetração do ânus com a mão** (*fisting*). Estudos demonstram uma correlação direta entre esta prática e a infecção por hiv pelos dois parceiros. Esta associação pode dever-se ao uso concomitante de drogas leves, sangramentos, exposição a sêmen antes do *fisting*, ou relação anal com ejaculação. **5) Uso de brinquedos sexuais em comum**. O risco desaparece se forem usadas camisinhas nos vibradores e consolos, retiradas e substituídas quando o brinquedo seja usado por outro/a parceiro/a. **6) Ingestão de urina.** O hiv não é transmitido através da urina, mas outros agentes imunodepressores e infecções podem ser passados dessa maneira.

Atividades de alto risco

Foi demonstrado que as seguintes práticas transmitem o hiv: **1) Relação anal passiva sem camisinha.** Todos os estudos indicam ser esta a atividade de mais alto risco de transmissão de hiv. O tecido que recobre o reto é mais fino que o da vagina ou da boca, permitindo uma absorção mais fácil do vírus contido no sêmen ou líquido pré-ejaculatório. Um estudo aponta para a possibilidade de entrada do vírus diretamente nas células do tecido do reto, sem necessidade de sangramento. **2) Relação anal ativa sem camisinha.** O risco para o parceiro que insere o pênis é menor do que para aquele em que o pênis é inserido. Ainda assim, há perigo significativo de transmissão, além do risco de infecção por outras doenças sexualmente transmissíveis. **3) Relação vaginal sem camisinha.** Risco alto para ambos. Estudos indicam o surgimento de hiv mutantes mais adaptados à mucosa vaginal, capazes de penetrar na circulação mesmo sem a existência de cortes ou sangramento.

Glossário

Bissexual: refere-se a homens e mulheres com desejo por pessoas de ambos os sexos. Isso não quer dizer que precisem se relacionar com duas pessoas ao mesmo tempo, mas que são capazes de se envolver sexual e amorosamente tanto com homens quanto com mulheres. Há poucas pesquisas sobre esta minoria, mas estudos como o de Kinsey revelam que podem chegar a 30% da população, e só não são mais visíveis porque são facilmente confundidos com heterossexuais.

Discriminação: diz-se do julgamento de um grupo grande de pessoas de maneira generalizada, sem base no seu comportamento real. Por exemplo, dizer que os baianos são preguiçosos é discriminar contra milhões de pessoas, que evidentemente não podem nunca ser todas iguais quanto à preguiça ou qualquer outro aspecto. Como a sexualidade causa medo em quem ainda não lidou com a sua própria, a discriminação contra homossexuais muitas vezes toma um aspecto de violência, e de frases como "são todos sem vergonha" ou "pecadores". É bom lembrar que todas as diferenças, inclusive as sexuais, são protegidas pela nossa Constituição, que proíbe discriminação contra qualquer pessoa e considera todos os cidadãos iguais.

Drag queen: é um homem que não disfarça ser homem, se enxerga como homem e "brinca" com a identidade feminina, vestindo-se como uma mulher extravagante em público. Não dá para saber se todas as *drag queens* são homossexuais ou não, a menos que digam. Mas dá para saber que não gostam do papel sexual de machos, preferindo as lantejoulas, as perucas e os saltos altos típicos, das mulheres.

Diferentes desejos

Drag king: o correspondente a uma *drag queen*, porém mulher, ou seja, é uma mulher que não gosta do papel sexual típico feminino e se veste como homem, para se divertir ou para brincar com os estereótipos. Tanto os homens como as mulheres *drag* são diferentes dos travestis porque não disfarçam seu sexo biológico, dando um tom de exibição bem-humorada à sua troca de papéis.

Heterossexualismo: uma outra forma de discriminação, que pressupõe ser a heterossexualidade a norma e a bi e homossexualidade desvios. Toda vez que se diz "sexo natural" em lugar de "prática heterossexual" ou se denominam homossexuais de "invertidos", "pervertidos" ou "não-naturais", está se praticando este tipo de discriminação. Uma maneira sutil de se fazer isso é achar que alguém não tem "cara" de homossexual, ou seja, que como a pessoa tem uma aparência comum, deve ser heterossexual. A heterossexualidade é a orientação da maioria, mas nem por isso é mais natural que a homo ou a bissexualidade.

Homofobia: palavra recém-inventada para descrever a aversão a tudo o que se refere à homossexualidade. Esse sentimento pode tomar formas muito sutis de discriminação, como por exemplo os currículos escolares não mencionarem que muitos gênios e pessoas famosas foram homo e bissexuais (veja alguns do final deste livro). Quem diz: "Tenho dois amigos gays e eles *até* são legais" está sendo homófobo, porque a frase pressupõe que gays de um modo geral não sejam legais e estes dois sejam uma rara exceção.

Homossexual: refere-se a homens e mulheres com desejo predominante por pessoas do mesmo sexo. Aqueles que se assumem e resolvem levar uma vida abertamente homossexual costumam se definir como (homens) **gays** e (mulheres) **lésbicas**. As pesquisas variam, mas apontam algo em torno de 7% da população de todo o mundo constituída de pessoas predominantemente homossexuais.

Transgênero: pessoa que, seja por não gostar do papel sexual de seu sexo biológico, seja por sentir que sua identidade sexual é um misto de mulher e homem (como as *drag queens* e *kings*), seja por se identificar com o papel sexual do outro sexo (como os travestis e transexuais), acaba rompendo com o gênero masculino ou feminino que seria de se esperar pelo seu sexo biológico.

Transexual: minoria bem pequena (alguns estudos indicam que apenas uma pessoa em cada 30 mil é de fato transexual) que mostra uma discrepância entre o sexo biológico e a identidade sexual. São "almas femininas em corpos masculinos" e vice-versa. A ciência não sabe como mudar a identidade, portanto nesses casos muda o corpo, fazendo o indivíduo passar por uma série de cirurgias de redesignação sexual, ou seja, mudança de sexo.

Travesti: minoria um pouco maior que a de transexuais, constituída de homens e mulheres que se identificam mais com o papel do outro sexo do que o de seu próprio, mas não o suficiente para desejarem passar por cirurgias. São homens que gostam de se vestir como mulheres e mulheres que querem passar por homens. As razões para isto variam muito, desde fetichismo (um comportamento que desperta prazer sexual) até dificuldade em adaptar-se ao gênero de nascimento. Não é verdade que travestis sejam transexuais não operados (podem estar perfeitamente satisfeitos com seus órgãos sexuais), que sejam todos homens (são muitas as mulheres que preferem o papel de homens e assim se vestem e comportam), que sejam todos homossexuais (muitos homens heterossexuais se vestem como mulheres por prazer) ou que sejam todos trabalhadores do sexo (há travestis engenheiros agrônomos e executivas).

Obras recomendadas

Cardoso, Fernando Luiz. *O que é orientação sexual*. São Paulo, Brasiliense, 1996.
Um levantamento das teorias mais importantes sobre sexualidade, inclusive aquelas que tentam localizar a causa do homossexualidade.

Costa, Moacir. *Vida a dois*. São Paulo, Siciliano, 1991.
Vários autores debatem a questão dos vínculos afetivos, dificuldades e facilidades de uma relação amorosa. Atenção especial aos capítulos de Maria do Carmo Ferrari, Ronaldo Pamplona e Maria de Melo Azevedo.

Dario, Caldas (org.). *Homens. Comportamento, sexualidade e mudanças*. (São Paulo, Senac, 1997)
Comenta os novos papéis e comportamentos do homem.

Fairchild, Betty *et* Nancy Hayward. *Agora que você já sabe*. Rio de Janeiro, Record, 1996.
Livro muito popular nos EUA, que reúne relatos e experiências de pais de homossexuais.

Fucs, Gilda Bacal. *Por que o sexo é bom?* Rio de Janeiro, Tempo e Espaço, 1987.
Informações sobre a sexualidade em cada fase da vida, incluindo diferentes comportamentos, perversões e disfunções sexuais. Vale a pena para quem quer aprender sobre si e o outro.

Helminiak, Daniel A. *O que a Bíblia* realmente *diz sobre a homossexualidade*. São Paulo, GLS, 1998.

Escrito por um padre católico, resume o que os estudiosos da história da Bíblia interpretam como o verdadeiro significado daqueles trechos que costumam ser erroneamente citados por quem acusa os homossexuais de pecadores.

Isay, Richard A. *Tornar-se gay. O caminho da auto-aceitação*. São Paulo, GLS, 1998.
Um psicanalista analisa os casos de seus pacientes e sua própria história para demonstrar o quão prejudicial pode ser à pessoa tentar passar por heterossexual quando a sua orientação é homossexual.

Oliveira, Carmen L. *Flores raras e banalíssimas*. Rio de Janeiro, Rocco, 1995.
Conta a história verdadeira do envolvimento que durou quinze anos entre a grande poeta americana Elizabeth Bishop e a arquiteta brasileira Lota de Macedo Soares.

Pamplona, Ronaldo. *Os onze sexos*. São Paulo, Gente, 1994.
Livro fácil de ler e cheio de exemplos sobre papéis sexuais, identidade e as variações mais comuns da sexualidade.

Spencer, Colin. *Homossexualidade: uma história*. Rio de Janeiro, Record, 1997.
Um estudo bastante interessante da homossexualidade, da Antigüidade aos dias atuais.

Spitz, Christian. *Adolescentes perguntam*. São Paulo, Summus, 1996.
As perguntas e respostas, informais e simpáticas, feitas em um programa de rádio francês dirigido a adolescentes.

Sullivan, Andrew. *Praticamente normal. Uma discussão sobre a homossexualidade*. São Paulo, Cia. das Letras, 1996.
Apesar de um pouco americano demais, vale a pena como estudo da homossexualidade em seus vários aspectos.

Especialmente para pais e mestres

Aquino, Julio G. (org.). *Sexualidade na escola: Alternativas teóricas e práticas*. São Paulo, Summus, 1997.
Teóricos de diferentes áreas abordam o tema, dos mais difíceis no universo do educador, sugerindo possibilidades teóricas e

práticas para lidar com as manifestações de sexualidade na escola.

Aquino, Julio G. (org.). *Diferenças e preconceito na escola: Alternativas teóricas e práticas.* São Paulo, Summus, 1998.
Trata das várias situações de preconceito, contendo um capítulo sobre questões de gênero.

Suplicy, Marta e outros. *Guia de orientação sexual. Diretrizes e metodologia.* São Paulo, Casa do Psicólogo, 1994.
Obra fundamental para quem queira refletir sobre sexualidade e educação.

Grupos e instituições de apoio a gays, lésbicas, bissexuais e transgenéricos

As informações dadas abaixo foram fornecidas pelas próprias instituições e não são de responsabilidade desta editora. Ao contatar qualquer uma delas, sugerimos que use o mesmo bom-senso empregado para lidar com pessoas desconhecidas. Dê seu apoio e dedique seu tempo a todas as causas que achar válidas, mas afaste-se prontamente de qualquer situação que o/a deixe desconfortável. O movimento por nossos direitos precisa abranger toda a nossa diversidade, e não exigir que nos adaptemos a ele.

Caso deseje que sua entidade seja citada nos apêndices dos livros das Edições GLS ou que algum dado seja corrigido, por favor escreva para a caixa postal 12952, cep 04010-970, São Paulo, SP.

Instituições que prestam atendimento psicológico ou dão informações

ABSEX - Associação Brasileira de Sexologia
R. Vergueiro, 727 7° andar conj. 708
01504-001 Paraíso
São Paulo SP
Fone/fax (011) 2793234

Centro de Estudos e Pesquisas da Sexualidade Humana (Instituto Kaplan)
R. Pinto Gonçalves, 28

05005-010
São Paulo SP
Fone (011) 36760777
SOS-SEX (011) 2628744

O instituto oferece atendimento psicológico sobre questões de sexualidade e tem um serviço de orientação sexual por telefone (SOS-SEX), pelo qual resolve dúvidas sobre sexo, corpo, saúde e doenças sexualmente transmissíveis. A instituição oferece ainda orientação para indivíduos e grupos, incluindo adolescentes, que desejem saber mais sobre sua sexualidade para vivenciá-la com bem-estar.

CEPCoS – Centro de Estudos e Pesquisas em Comportamento e Sexualidade
R. Traipu, 523
01235-000
São Paulo SP
Fone/fax (011) 36623751
e-mail cepcos@uol.com.br

Grupo de estudos que faz pesquisa sobre comportamento e sexualidade. Mantém um seminário continuado de estudos sobre sexualidade para profissionais que o integram, como meio de instrumentalizar os próprios membros. O grupo mantém um serviço voluntário de resposta a cartas contendo dúvidas sexuais e faz encaminhamentos para outros centros em vários estados do país.

Centro de Estudos Carrion e Pesca de Psicoterapia Sexual
Av. Carlos Gomes, 75 conjunto 402
90480-003
Porto Alegre RS
Fones (051) 3284725 / 2222556

Centro de Referência Campos Elíseos
a/c Grupo de Orientação aos Trabalhadores do Sexo
Al. Cleveland, 374
01218-000 Campos Elíseos
São Paulo SP
Fone (011) 2225527

Clínica Integrada de Psicologia e Sexologia
SRTVN Quadra 701 conjunto C
Centro Empresarial Norte
torre B sala 427
70710-200
Brasília DF
Fone (061) 3295464
Fax (061) 3271411
e-mail cips@essencial.com.br

Instituto de Terapia e Pesquisas Clínicas
Cesex
Edifício Office Center
SGAS 915 lote 71
bloco A salas 306-307
70390-150
Brasília DF
Fone (061) 3460607
Fax (061) 3468850

Instituto H. Ellis
Departamento de Clínica Psicológica e Terapia Sexual
R. Traipu, 523
01235-000
São Paulo SP
Fone/fax (011) 36623139
e-mail oswrod@uol.com.br

Subgrupo do Instituto H. Ellis, que é um centro multidisciplinar para diagnóstico e terapêutica em sexualidade, esta unidade atende, além de disfunções sexuais masculinas, questões femininas e de transexualidade. Trata-se de uma clínica particular com psicoterapeutas experientes nas questões sexuais e comportamentais.

Projeto Etcétera e Tal
Rua Dronsfield, 353
05074-000 Lapa
São Paulo SP
Fone (011) 8318924

A atividade central do projeto é a realização de trabalhos na área de psicologia/psicanálise, privilegiando aqueles que se percebem com problemas quanto à sua sexualidade. Outra preocupação é a transmissão do saber produzido a respeito das ditas minorias sexuais através de palestras, cursos e workshops. O projeto atende as demandas de psicoterapia individual, grupo, familiar e apoio.

PROSEX – Projeto Sexualidade
Instituto de Psiquiatria do Hospital das Clínicas
Faculdade de Medicina da Universidade de São Paulo
R. Ovídio Pires de Campos s/nº
05403-010
São Paulo SP
Fone (011) 30696982

Presta atendimento psicológico a pessoas com todo tipo de distúrbios sexuais, desde impotência até transexualidade. Em seu amplo leque de atividades, inclui o apoio a indivíduos angustiados com sua homossexualidade.

SBRASH – Sociedade Brasileira de Sexualidade Humana
Av. Bem-Te-Vi, 333 conjunto 81
04524-909
São Paulo SP
Fone (011) 5425830
Fax (011) 8428453

Entidade que busca o aprimoramento profissional e científico de estudiosos e profissionais que lidem com aspectos da sexualidade humana. As principais vertentes tratadas pela Sociedade dizem respeito à educação sexual, terapia sexual, e aos diferentes enfoques biopsicossociais da sexualidade. A SBRASH promove cursos, palestras, eventos e edita a *Revista Brasileira da Sexualidade*, seu *Boletim Informativo* e um boletim bibliográfico, o *Index Brasileiro de Sexualidade*.

Grupos de defesa dos direitos das minorias sexuais

AMHOR – Articulação do Movimento Homossexual do Recife
Caixa Postal 3656
Recife PE
Fone/fax (081) 2316115

CAEHUSP – Centro Acadêmico de Estudos Homoeróticos da Universidade de São Paulo
Caixa Postal 392
01059-970
São Paulo SP
Fone (011) 2205657

Casa de Apoio Brenda Lee
R. Major Diogo, 779
01324-001 Bela Vista
São Paulo SP
Fone (011) 2392500

Coordenação de Direitos Humanos e Cidadania
Praça Montevideo, 10
90010-170
Porto Alegre RS

CORSA – Cidadania, Orgulho, Respeito, Solidariedade e Amor
Caixa Postal 2422
Al. Barros, 86 conj. 2B
01060-970
São Paulo SP
Fone (011) 36666699 (recados)

Grupo de emancipação das minorias sexuais, faz reuniões regulares, tendo inclusive uma coordenadoria separada para mulheres.

Expressão – Grupo de Defesa dos Direitos Humanos de Homossexuais
Caixa Postal 1500
13001-970
Campinas SP
Fone/fax (019) 2340663

Grupo que discute a situação dos homossexuais e luta por seus direitos, organiza festas e eventos para a prevenção de doenças sexualmente transmissíveis e da AIDS e edita um informativo mensal colorido, *O babado*, contendo assuntos variados.

GAI – Grupo Arco-Íris de Conscientização Homossexual
Rua do Bispo, 316/805
20261-062 Tijuca
Rio de Janeiro RJ
Fone (021) 5680227
e-mail lfreitas@ax.apc.org

Grupo de gays e lésbicas que promove reuniões semanais com dinâmica de grupo para a livre expressão do indivíduo, organiza projeções de filmes, responde à correspondência de pessoas que estejam vivenciando a homossexualidade com angústia e problemas, e organiza projetos de prevenção à AIDS.

Gays e Lésbicas do Partido Socialista dos Trabalhadores Unificados (PSTU)
R. Jorge Tibiriçá, 238
04126-000
São Paulo SP
Fone (011) 5499699
e-mail sede.pstu@mandic.com.br

GGA – Grupo Gay de Alagoas
R. Barão de Atalaia, 513
57020-570
Maceió AL
Fone/fax (082) 2215788

GGB – Grupo Gay da Bahia
Rua do Sodré, 45
40060-160 Dois de Julho
Salvador BA
Fone (071) 3222552

GIV - Grupo de Incentivo à Vida – Núcleo Somos
R. Capitão Cavalcante, 145
04054-000
São Paulo SP
Fone (011) 50840972
Fax (011) 50840255

GLB – Grupo Lésbico da Bahia
Caixa Postal 6430
40060-970
Salvador BA
Fone (071) 2434902
Fax (071) 3846080

O grupo publica material e promove reuniões para a divulgação dos direitos das lésbicas. Combate ainda o preconceito e instrui quanto às doenças sexualmente transmissíveis.

GRAB – Grupo de Resistência Asa Branca
Caixa Postal 421
60001-970
Fortaleza CE

A entidade tem como objetivo a emancipação dos homossexuais, fazendo reuniões semanais para discussão de problemas, organizando campanhas contra a violência, oficinas de sexo seguro, e debates e palestras sobre cidadania e a condição homossexual.

Grupo Astral
R. Frei Caneca, 139
22211-010
Rio de Janeiro RJ

Fone (021) 2322181
Fax (021) 2322181 / 2054796

Grupo Brasileiro de Transexuais
Caixa Postal 1097 c/ Astrid Boostein
78005-970
Cuiabá MT
Fone (065) 6442933

Grupo de apoio, divulgação de informações e defesa dos direitos dos transexuais.

Grupo Cidadania Gay
Caixa Postal 100241
24001-970
Niterói RJ
Fone (021) 7143954
Fax (021) 5418865

**Grupo Dignidade de Conscientização
e Emancipação Homossexual**
Caixa Postal 1095
80001-970
Curitiba PR
Fone/fax (041) 2223999
e-mail tonidavid@avalon.sul.com.br

O grupo faz reuniões semanais de gays, lésbicas e travestis, tendo como objetivo a conscientização da sociedade para com os direitos dos homossexuais e a luta contra o preconceito. Organiza ações públicas e responde a cartas sobre homossexualismo.

Grupo Filadélfia de Travestis e Liberados
Praça Rui Barbosa, 23 4º andar
11010-130
Santos SP
Fone (013) 2396060

Grupo Habeas Corpus Potiguar
Caixa Postal 576
59025-020
Natal RN
Fone (084) 2233705

Grupo Homossexual de Pernambuco
R. Vidal de Negreiros, 96 ap. 110
54110-052
Jaboatão PE
Fone (081) 4811728

Ipê-Rosa
Caixa Postal 114
74001-970
Goiânia GO
Fone (062) 2243131
Fax (062) 2252453

MEL – Movimento Espírito Lilás
R. Gen. Osório, s/nº
58001-970 Centro
João Pessoa PB
Fone (083) 2413921

Movimento Gay Independente 28 de Junho
R. Dr. Honorato de Moura, 137
02733-050 Freguesia do Ó
São Paulo SP
Fone (011) 8780650

Movimento D'Ellas
Caixa Postal 44019
22062-970
Rio de Janeiro RJ
Fone (021) 2876507
Pager (021) 5341636 código 6460882

Movimento Transexual de Campinas

Rua João Tosello, 151
13056-636 Recanto do Sol II
Campinas SP
Fone (010) 2667396 c/ Bianca Magro

Grupo de apoio, divulgação de informações e defesa dos direitos dos transexuais.

Nuances – Grupo pela Livre Orientação Sexual

Rua Vieira de Castro, 22
90040-320
Porto Alegre RS
Fone/fax (051) 3334126

O grupo tem por objetivos trabalhar pelos direitos políticos, civis e sociais de gays, travestis, lésbicas, bissexuais e todos aqueles que sofrem qualquer tipo de discriminação ou violência devido à sua orientação sexual.

Núcleo de Gays e Lésbicas do Partido dos Trabalhadores – GO

Rua 260, número 105
74000-000
Goiânia GO
Fone (062) 2616813

Núcleo de Gays e Lésbicas do Partido dos Trabalhadores – SP

R. Conselheiro Nébias, 1052
01232-010
São Paulo SP
Fone (011) 36661034

Rede de Informação Um Outro Olhar

Caixa Postal 65092
01390-970
São Paulo SP
Fone/fax (011) 2845610
e-mail outroolhar@ax.apc.org

RENTRAL – Rede Nacional de Travestis Liberados
R. Frei Caneca, 139
22211-010
Rio de Janeiro RJ
Fone (021) 2322181

Saphos
R. Siqueira Campos, 1100
Caixa Postal 2554
90001-970
Porto Alegre RS
Fone (051) 2433700

Vinte e Oito de Junho
Caixa Postal 77097
26001-970
Nova Iguaçu RJ

SOBRE O AUTOR

Claudio Picazio tem 40 anos, é formado em psicologia pela Universidade São Marcos com especialização em sexualidade humana pelo Instituto Sedes Sapientae.

Psicólogo clínico, atende adolescentes e adultos e oferece terapia a casais homo e heterossexuais. Também desenvolve grupos de apoio e faz atendimento a portadores de hiv positivo.

Em 1993 foi co-fundador da Genos Internacional, consultoria em sexualidade e saúde para pessoas e empresas, onde foi consultor até 1995. É membro do grupo de atendimento a adolescentes do Instituto Kaplan desde 1996. Em 1997, teve seu projeto, que visa a especialização dos profissionais que prestam atendimento a crianças portadoras de hiv positivo, aprovado pelo Ministério da Saúde.

Claudio tem uma coluna regular na revista *OK Magazine* e é colaborador do site do Mix Brasil. Pode ser contatado pelo telefone (011) 3064-3945 e pelo e-mail cmsp@vol.com.br.

Diferentes desejos

FORMULÁRIO PARA CADASTRO

Para receber nosso catálogo de lançamentos em envelopes lacrados, opacos e discretos, preencha a ficha abaixo e envie para a caixa postal 62505, cep 0214-970, São Paulo-SP, ou passe-a pelo telefax (011) 3872-7476.

Nome: _____

Endereço: _____

Cidade: _____ Estado: _____

CEP: _____-_____Bairro: _____

Tels.: (___) _____ Fax: (___) _____

E-mail: _____ Profissão: _____

Você gostaria que publicássemos livros sobre:

☐ Auto-ajuda   ☐ Política/direitos humanos ☐ Viagens
☐ Biografias/relatos ☐ Psicologia
☐ Literatura   ☐ Saúde
☐ Literatura erótica ☐ Religião/esoterismo

Outros:

Você já leu algum livro das Edições GLS? Qual? Quer dar a sua opinião?

Você gostaria de nos dar alguma sugestão?

IMPRESSO NA
sumago gráfica editorial ltda
rua itauna, 789   vila maria
02111-031   são paulo   sp
telefax 11 **6955 5636**
sumago@terra.com.br